La Delivrance

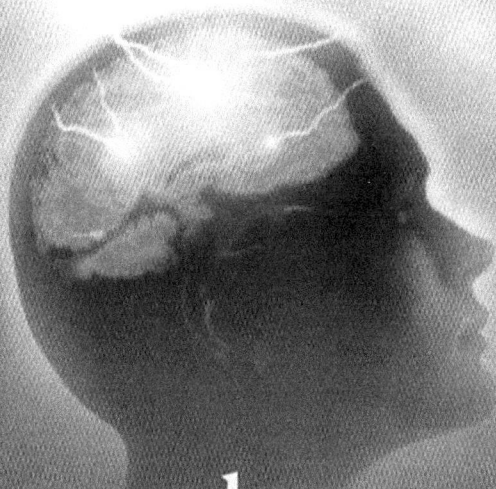

du
Cerveau

DR. D. K. OLUKOYA

LA
DELIVRANCE DU CERVEAU

Dr. D. K. Olukoya

LA DELIVRANCE DU CERVEAU

2011 PAR DR.D.K.OLUKOYA
ISBN: **978-0692301678**
1ER TIRAGE JUILLET 2011

Une publication du Ministère de la Montagne de Feu et des
Miracles, Maison de Presse
13, Olasimbo Street, de la rue Olumo (Près du 2nd Portail de
Unilag), Onike, Yaba,
P.O.Box 2990, Sabo, Yaba, Lagos, Nigeria.
Site Internet : www.mountain-of-fire.com
Email : mfmhgworldwide@mountain of fire.org
        rosecentral@yahoo.com

Tous les versets bibliques sont tirés de la version française
Louis Segond
Image sur la couverture : Sœur Shade Olukoya.

Tout droit réservé.
Toute reproduction en entier ou en partie sans une autorisation
écrite est interdite.

CONTENUS

INTRODUCTION

L'un des plus grands domaines dans la vie, où nous avons besoins de délivrance est le cerveau humain. Il n'ya pas d'endroit où le diable manifeste autant de méchanceté que le cerveau de l'homme. L'ennemi a programmé la folie, la confusion, l'esprit d'erreur, la dépendance de toute sorte de pensées négatives et toute sorte d'attaque du cerveau, qui est le centre des actions de l'homme, de ses pensées et le sens de valeur.

Quand le diable veut attaquer l'homme, il cherche d'abord à assujettir le cerveau à de terribles manipulations. Dès que le cerveau est manipulé, les victimes sont poussées à poser des pas qui les conduiront dans une destinée tronquée, l'échec et l'erreur.

LE CENTRE DE LA VIE

Le cerveau est le centre de la vie. C'est l'origine des activités de l'être humain. Quand votre cerveau est malade, tout votre être entier sera malade. Un cerveau envoûté va provoquer une vie envoûtée. De la même manière quand vous expérimenter la délivrance du cerveau, vous êtes sur la voie d'une délivrance totale. Ce n'est pas seulement quand vous souffrez d'un déséquilibre mentale que votre cerveau à besoin de délivrance. Il y a beaucoup d'attaques subtiles du cerveau que nous perdons souvent de vue.

Quand votre cerveau est sous de sérieuses attaques démoniaques, vous allez expérimenter beaucoup de problèmes qui sont au delà de la science médicale et de toutes formes de solutions psychologiques. La plupart des attaques ont lieu dans le règne spirituel et les résultats se manifestent dans le physique. Le problème est que la plupart de ceux qui souffrent des attaques spirituels du cerveau perde de vue l'origine physique de ce genre de problème. Aussi longtemps que l'origine spirituelle des attaques du cerveau est négligée, les efforts pour apporter les solutions seront avortés. Pour cela nous avons besoins de regarder de près le mystère des attaques spirituels du cerveau.

La bible nous donne une explication très claire de l'importance du cerveau humain. Dieu a doté le cerveau de beaucoup de capacité. Le diable connait l'importance du cerveau. Il a alors tenté d'utiliser le cerveau pour assujettir les hommes, les femmes et les enfants à de terribles attaques. L'agenda satanique, alors consiste à capturer le cerveau humain.

CHAPITRE UN

LE MYSTERE DU CERVEAU

Pour capturer votre destin, l'ennemi tentera de capturer votre cerveau. Dés le moment que votre cerveau se retrouve sous les caprices du diable, il continuera à vous tourmenter physiquement et spirituellement. Quel est alors le mystère du cerveau humain ? Lisons quelques passages de l'écriture.

La bible dit :

Genèse 3 :15 « Je mettrai inimitié entre toi et la femme, entre ta postérité et sa postérité: celle-ci t'écrasera la tête, et tu lui blesseras le talon. »

Ici la bible identifie deux parties importantes du corps humain, la tête et le talon. Il est nécessaire de noté que l'un est plus important que l'autre. Couper le talon d'un homme et il sera toujours en vie mais dès l'instant que la tête d'un individu est enlevée il ne peut plus vivre. La tête est alors plus importante que le talon. Dès le moment que la tête d'un individu est brisée et que son cerveau est brisé en pièce, il n'y a plus d'espoir pour lui qu'il soit en vie. La bible nous a fait comprendre clairement l'importance de la tête et du cerveau.

2sam1 :16 « Et David lui dit: Que ton sang retombe sur ta tête, car ta bouche a déposé contre toi, puisque tu as dit: J'ai donné la mort à l'oint de l'Éternel! »

Psaumes7 :16 « Son iniquité retombe sur sa tête, Et sa violence redescend sur son front. »

Psaumes23 :5 « Tu dresses devant moi une table, En face de mes adversaires; Tu oins d'huile ma tête, Et ma coupe déborde. »

Lévitique 19 :28 « Vous ne ferez point d'incisions dans votre chair pour un mort, et vous n'imprimerez point de figures sur vous. Je suis l'Éternel. »

Dans tous ces passages l'accent est mis plus sur la tête pour certaines raisons spirituelles. La tête est la partie la plus importante du corps et la raison pour laquelle vous êtes en vie. Votre tête est le symbole de votre destinée, alors c'est la partie la plus importante du corps. Il y a beaucoup de gens sans mains et pieds. Les gens peuvent être privé de ces organes du corps et être toujours en vie. Il y a des gens qui n'ont pas certains organes vitaux mais qui sont toujours vivant.

UNE MACHINE COMPLEXE

J'ai d'abord rencontré une sœur dont on avait retiré tous les organes à l'intérieur d'elle à cause du cancer mais malgré cela elle était toujours vivante .Mais je n'ai jamais rencontré une personne sans tête toujours vivante. Votre tête est la maison qui contient, les yeux, le nez, la bouche et le cerveau. Plus encore le cerveau est le centre de coordination du corps. Cela explique pourquoi les scientifiques et le personnel médical n'ont jamais réussi à transplanter le cerveau. S'il était possible de prendre le cerveau d'une personne et le placer dans la tête d'une autre personne, vous finirez par changer la nature de la personne complètement.

Il est difficile d'imaginer la capacité du cerveau humain. C'est plus complexe que le dernier ordinateur. Le cerveau humain est complexe et plus intelligent. Sa volonté personnelle est manié à sa rapidité ; il est unique et possède une capacité peu commune. Bien que le cerveau humain soit petit, il peut contenir plusieurs informations ; il est aussi capable de résoudre des problèmes complexes .Le cerveau peu garder un grand nombre d'information pendant plusieurs années.

Beaucoup de gens n'ont pas réussi à maximiser la potentialité du cerveau. Il est malheureux que la plupart d'entre nous utilisent seulement 10 pour cent des potentialités du cerveau. Dieu a créé le cerveau humain d'une manière élastique de telle sorte qu'il peut être étendu au-delà d'une force inimaginable.

Quand votre cerveau réussi a maximisé son potentiel, vous finirez en accomplissant de grands exploits dans la vie.

Le diable est au courent de la complexité du cerveau humain. Depuis toujours le plus grand combat du royaume des ténèbres se faisait au niveau du cerveau. Malheureusement, il y a des cerveaux de première classe qui ont été attaqué par la folie et l'imbécilité.

Beaucoup de gens qui étaient supposé réussir leur destin, sont victimes de plusieurs vilaines maladies du cerveau. Finalement beaucoup ont cherché de l'aide au près des féticheurs, des médecins et des moyens orthodoxe dans le but d'obtenir la guérison. Cela est assez triste, beaucoup parmi eux se sont retrouvé dans l'enfer. Bien attendu le diable sait que dès qu'il attaque votre cerveau, votre destiné sera tronquer.

FONCTION UNIQUE
Les scientifiques ont découvert que la plupart des animaux et des oiseaux ont un type de cerveau, néanmoins le cerveau humain demeure complexe au delà de la description. La nature particulière du cerveau humain est qu'il est complètement unique, parce qu'il

vous donne le pouvoir de penser, de planifier, d'imaginer, de contrôler la température, guider la circulation du sang et de contrôler le battement de cœur.

Votre cerveau est la fabrique ou vos pensées sont fabriqués, vos idées sont cultivées et vos talents développés. Si vous enlevez le cerveau humain rien ne marchera. Jouer avec le cerveau et la destinée est joué avec votre vie. Ce qui explique pourquoi les agents du royaume des ténèbres manipulent souvent le cerveau pour provoquer des dommages irréparables. C'est le cerveau qui vous fait rêver, penser et raisonner. C'est pourquoi dans le ministère de la délivrance, nous mettons plus l'accent sur la délivrance du cerveau. Dès le moment ou l'esprit de la mort entre dans le cerveau, c'est la fin pour la victime.

LA MANIPULATION MYSTERIEUSE

Il y a plusieurs années de cela, il y a eu une croisade dans une des anciennes villes Nigériennes située quelque part dans la région de l'ouest. Le pasteur a donné une rare parole de connaissance.

" Il y a quelqu'un ici don le cerveau a été attaqué. Quand vous arriverez à la maison, vous découvrirez une preuve de l'attaque de votre cerveau sous le lit "

Il y avait un étudiant dans l'assemblé qui a traversé de dures épreuves. Il était extrêmement brillant, il recevait des notes exceptionnelles aux devoirs de classe et était toujours premier de la classe. Mais chaque fois qu'il se présentait pour passer les examens écrits, il se met à dormir dès qu'il prend son stylo jusqu'à la fin de l'examen. Dès que l'examinateur déclare" déposez les stylos, c'est terminer", il se réveille mystérieusement. Puisque les enseignants et les autorités de l'école ne doutaient pas de ses capacités académiques, ils le faisaient avancer. Ils savaient qu'il souffrait de quelque chose de mystérieux. Les enseignants l'ont fait progresser parce qu'ils savaient qu'il était leur meilleur étudiant .Personne ne pouvait l'aider réellement.

Cette nuit le jeune a exécuté les instructions que lui avait données l'évangéliste à la croisade. Il a regardé sous le lit et a découvert un vieux pot. Le contenu du pot lui a donné des frissons. Il a vu un cerveau humain congelé attaché avec de l'huile de palme congelé. A son insu les pouvoirs des ténèbres ont utilisé le contenu du pot pour programmer une méchante attaque dans son cerveau. Chaque fois qu'il doit passer les examens une attaque était lancée. L'huile de palme va soudainement congelé, ce qui va forcé le cerveau du jeune à dormir .Dès que cela se produit le jeune va dormir et se réveillera seulement à la fin de l'examen.

Le jeune homme était tellement choqué qu'il a apporté le pot sur le lieu de la croisade. L'homme de Dieu a oint le cerveau et l'huile de palme congelé et les a brûler. Mystérieusement le jeune est tombé le visage contre terre et s'est relevé après un long moment. Depuis ce jour, il n'a plus dormis dans une salle d'examen.

Ce que vous venez de lire n'est ni un rêve raconté ou une histoire inventée. C'est une expérience réelle de la vie. Deux questions vous viendront à l'esprit.

1. Comment est-il possible qu'un cerveau dans un vieux pot puisse manipuler le cerveau du jeune ?
2. Quel est le lien entre l'huile de palme congelé et la mystérieuse expérience du jeune ?

LA CIBLE PRIMORDIALE

Il y a beaucoup d'expériences mystérieuses dans la vie. Le diable s'étendra à tous les niveaux dans le but d'attaquer votre cerveau. Il peut attaquer presque toutes les parties de votre vie sans toute fois vous mettre dans la servitude, mais toute attaque du cerveau va toujours produire le désastre.

Le cerveau humain est alors la première cible d'attaque de l'ennemi. Les pouvoirs des ténèbres passent assez de temps à attaquer le cerveau.

C'est pourquoi les parents doivent considérer le changement brusque dans la vie d'un enfant qui était brillant .Le cerveau d'un tel enfant a du recevoir une flèche satanique. Ces choses suivantes peuvent arriver au cerveau.

1.   **Flèches sataniques**. : Le cerveau peut recevoir des flèches sataniques. Quand une flèche maléfique est tirée dans un cerveau, le résultat est catastrophique. Beaucoup de gens souffrent du mal de tête mystérieux, de terrible migraine, de défaillance du cerveau, la perte de mémoire inexplicable, folie douce et violente, les défaillances constantes malgré votre intelligence montre que vous êtes victimes des flèches sataniques.

Dans la plus part des familles polygamiques, les enfants qui sont intelligents reçoivent des flèches maléfiques. Les étudiants qui étaient très intelligents au début et deviennent subitement idiots. Ceci est du aux méchantes flèches sataniques. Dans le règne physique les flèches sont poissonneuses. Quand une flèche empoissonnée atteint une victime, la mort peut survenir.

2. La pollution satanique

Le diable est une personnalité très méchante .Ce qu'il fait le plus souvent est de polluer le cerveau, ainsi il opère toute sorte de manipulation. La pollution du cerveau entraine de terribles conséquences. Certaines victimes sont très intelligentes au début et expérimente par la suite une faiblesse inexplicable. Ceux dont le cerveau a été pollué, apparaissent chauds et froid au même moment .A un moment donné, ils sont intelligent et le moment après ils ne le sont plus.

Un moment ils manifestent une intelligence peu commune, mais le moment après ils disent des choses insensées. Ces genres de victimes sont rendu superflus, avec une destinée gâchée et leur vie entière livrée au désarroi .La pollution satanique est terrible.

Quand elle attaque un cerveau, toutes les parties du cerveau sont polluée. Une partie du cerveau est normal et l'autre partie du cerveau est anormal. Les victimes de ce genre d'attaque présentent souvent d'excellents talents, mais au moment où leur cerveau est pollué, il y a une anarchie mentale.

Vous devriez chercher à faire une délivrance de la pollution satanique urgemment.

3. Cardenas satanique

Quand quelque chose est fermé à clé, elle est empêchée d'accomplir sa fonction. Quelque sois le volume des ressources dans une chambre ou un magasin, si ces lieux qui contiennent ces ressources sont fermés, vous ne pourrez pas en jouir. Un cerveau très doué peut être cadenassé.

En d'autres mots, l'ennemi peut mettre un mot de passe sur votre cerveau et vous pouvez ainsi passer le reste de votre vie sans avoir accès aux riches ressources dont le Seigneur vous a doté .Les membres du mauvais et ténébreux royaume, très souvent place des cadenas sur les cerveaux des personnes très doué. Quand ce genre de cadenas est placé, la victime continuera a vivre mais elle ne sera pas capable d'accomplir sa destinée   Beaucoup de gens n'ont rien accompli dans la vie simplement parce que leur cerveau a été cadenassé et la clé jeté. Quelque sois les efforts qu'ils font, le cerveau ne pourra jamais fonctionner normalement.

4. La cage spirituelle

Une chose terrible qui puisse arriver au cerveau humain, est de le capturer et de le mettre dans une cage. Beaucoup de cerveau qui étais supposé produire des idées qui apportent des changement de vie, sont assujetti a une paresse complète simplement parce que ces cerveaux sont encagés. Ce genre de cerveau ne peut penser normalement. Quand le cerveau est encagé, la victime ne peut l'utilisé d'une manière effective et productive. Beaucoup de gens ne peuvent produire des pensées productives.

Plusieurs personnes trouvent difficile de réussir a des examens élémentaires, simplement parce que, il y a une cage spirituelle qui retient le cerveau captive. La cage ne vous donnera pas la liberté de vous exprimer et de vous exercer. Dès le moment que votre cerveau est encagé, vous ne pourrez plus en bénéficier totalement. Vous devez faire des prières de feu pour faire sortir de force votre cerveau de la cage maléfique spirituelle.

5. Transfert spirituel maléfique

Une des mauvaises activités des agents du royaume des ténèbres est centrée sur le transfert du cerveau des gens .Ce qu'ils font, c'est de prendre un brillant et doué cerveau et de le remplacer avec un cerveau stupide La victime va remarquer que le cerveau qui était au paravent excellent a été échangé avec un cerveau très stupide. Dans les familles polygamiques, les mères consultes les féticheurs pour le transfert spirituel des cerveaux .Elles font cela en localisant les enfants brillants dans la famille et demande à ce que leur cerveau soit transféré à leur propre enfant. L'échange du cerveau est une action très méchante.

En 1995 comme le cas d'une fille était étrange, elle a du faire sept jours de délivrance .La jeune fille a fait des confessions très étranges. Elle a commencée à dire qu'elle a échangée le cerveau de ses frères avec celui du bœuf et chèvre. Ces frères qui étaient très brillants sont devenus soudain des ânes scandaleux, de telle sorte que quand vous demandez a un d'entre eux de vous calculer un plus un, il dira trois. Leur cerveau original a été enlevé complètement.

6. Régression spirituelle

Quand une régression spirituelle est programmée dans un cerveau, les équations les plus élevées seront converties en des inéquations très faible .beaucoup de gens qui ont été créés par Dieu pour être a un niveau très élevée, tombent souvent de cette hauteur a un niveau élémentaire. Cette régression étrange pèut être programmée contre le cerveau et le renverser.

7. Rabaissement ou dégradation spirituelle

Les agents sataniques attaquent le cerveau et le rabaisse du niveau le plus élevé au niveau le plus bas . Quand un cerveau est dégradé, il n'atteindra jamais le niveau de l'excellence. Toute chose concernant ce genre de cerveau serai trop faible pour atteindre un niveau optimal. Vous avez besoin de la délivrance pour relevé votre cerveau.

8. Blancheur spirituelle

Ceci est une terrible attaque du cerveau. en d'autre mot, c'est l'échec du cerveau. Quelqu'un peut être en pleine   présentation et soudain son cerveau devient vide . Ce genre de blancheur momentanée peut faire perdre a la personne la direction de son discours. Quand le diable attaque le cerveau, il sera électrocuté et il refusera de fonctionner a ce moment. Quand le cerveau est vide, l'esprit aussi sera vide.

9. Meurtrissure spirituelle.

Le diable peut blesser le cerveau avec une mémoire qui ne peut jamais oublier. Beaucoup de gens traversent des expériences traumatisantes qui endommagent le cerveau permanemment.

10. Suspension spirituelle.

Quand le cerveau est suspendu dans le règne spirituel, la victime découvrira qu'elle ne peut plus contrôler ses pensées. Beaucoup de gens ont perdu le contrôle de leur pensée parce que le cerveau a été suspendu dans le règne spirituel par des pouvoirs spirituels très méchants. Ce genre de personne vont avoir des pensées tourbillonnantes, se comporteront d'une manière anormale et finiront par raisonner d'une manière anormale. Quand l'ennemie suspend votre cerveau, vous vivrez ici sur la terre sans pouvoir utiliser votre cerveau, puisque vous être sur la manipulation et le contrôle méchant .Très souvent une Mère méchante, la belle mère amère et d'autres parents démoniaque peuvent suspendre le cerveau des gens dans les couvents de sorcellerie et d'autre endroits des esprits méchants. Aussi longtemps que votre cerveau est suspendu, vous ne pouvez pas le contrôler. Certains pouvoirs resteront quelque part pour balancer votre cerveau du haut en bas.

Dès le moment que le diable utilise une de ces méchantes méthodes pour attaquer votre cerveau, vous ne serai pas capable d'accomplir votre destinée sur cette terre. Le cerveau est le centre de l'information. La manière dont vous pensez va déterminer votre destination dans la vie. Pour être honnête avec vous, la différence entre le riche et le pauvre c'est l'information. Le faite que le riche est accès a l'information, et le fait qu'ils sont capables d'utiliser des ressources illimitées explique la continuité de leur richesse.

VOTRE DESTIN ET VOTRE CERVEAU

Toute opération et attaque satanique contre votre cerveau, va continuer a ruiner votre destin. Des le moment ou le diable s'attaque a votre cerveau, votre destinée ne sera plus en bonne santé. Vous devez arracher votre cerveau de la sorcellerie de famille, des voisinages envieux, amis inamicaux, et des poursuivants têtus d'aujourd'hui.

Des le moment que votre cerveau est délivré et gardé dans la main du Saint-Esprit , aucun pouvoir maléfique ne pourra vous empêcher d'accomplir votre destin ici sur la terre et vous faire perdre le ciel . Beaucoup de gens souffrent aujourd'hui parce que l'ennemi capture leur cerveau a l'enfance. Beaucoup de Croyants marchent en zigzag parce que le diable a capturé leur cerveau quand ils n'étaient pas encore nés de nouveau .Plusieurs étudiants qui lisent en ce moment ce livre ont besoin d'une sérieuse délivrance de l'emprisonnement et de la manipulation de leur cerveau. Plusieurs étudiants enseignent les autres qui s'en sortent brillamment tandis qu'eux même échouent lamentablement. Cela n'est pas normal.

Beaucoup de gens passent le même examen dix fois. Plusieurs étudiants luttent avec l'échec de la mémoire, meme quand Dieu les a créés pour être intelligents. L'ennemi sait ce qu'il fait. Il sait que le cerveau est la partie la plus importante du corps .il a doublé ses efforts pour l'attaquer.

SIMPLEMENT MECHANT

Il ya des années de cela, la puissance de Dieu était descendue dans une de nos croisades. L'onction était tellement forte que les agents des ténèbres ont commencés à fuir. Nous avons senti ce qui se passait et avons demandé à tous le monde de rester en place.

Quelqu'un essayait de fuir et les huissiers l'ont retenu et obligé de prier .Soudain il a commencé a confesser qu'ils était celui qui a converti le cerveau de tous ses frères en poussière. Il était le seul qui venait à la maison avec les bons résultats, tandis que les autres enfants échouaient lamentablement.

Quand on lui a demandée pourquoi il changé le cerveau de ses frères en poussière, il donna une réponse qui n'avait pas de sens : « chaque fois que nous arrivons a la fin du trimestre, notre père donne a celui qui a réussi trois morceaux de viande et retire les morceaux de ceux qui ont échoué ». Il a décidé de changer le cerveau de ses frères en poussière seulement pour avoir trois morceaux de viande.

Nous lui avons demandé comment ses frères pouvaient récupérer leur cerveau, et il nous a dit que la prière pouvait le leur restaurer. Ceci nous montre jusqu'à qu'elles niveau les gens peuvent aller quand ils attaquent le cerveau.

CHAPITRE 2

QUAND LE CERVEAU EST MALADE

Le cerveau est tellement important qu'il est devenu l'un des plus sérieux domaines d'attaque .L'état de ton cerveau déterminé l'état de ta destinée. Pourquoi le cerveau est- il un centre d'attaque ?

Voici les causes :

1. **Le cerveau est responsable de notre intelligence**
    Notre manière de percevoir et notre habilité de raisonner.
    Avaliser les situations et faire des conclusions brillantes font partie des fonctions du cerveau. Si vous avez de bonnes idées et que vous pouvez intelligemment régler les situations, votre cerveau fonctionne normalement.

2. **Le cerveau est responsable de la puissance de notre mémoire**
    La mémoire humaine peut garder beaucoup d'information et les faire ressortir quand nous en avons besoin. C'est le premier rôle du cerveau.

3. **Le cerveau est responsable de notre langage**
    Votre langage ne peut être intelligible, si votre cerveau est imperméable. Les paroles sont d'abord formées dans le cœur avant qu'elle ne soit prononcée.

4. Le cerveau est responsable de notre gout.
   Votre habileté a gouter toute chose détermine exactement que le gout est une fonction du cerveau. Si votre cerveau est sous attaque, vous ne saurez si une chose est douce ou fade.

5. Le cerveau est responsable du sens de l'ouïe
   Le cerveau nous donne la capacité de percevoir les odeurs. Quand votre cerveau fonctionne normalement, vous serez capable de distinguer entre une bonne santé et des odeurs dangereuses.

6. Le cerveau est responsable de notre vue.
   Toute forme d'anomalie du cerveau va affecter votre vue. Vous ne serez pas capable de voir les images normalement s les cellules de votre cerveau sont endommagées.

7. Le cerveau est responsable de notre équilibre
   Nous marchons tout droit parce que notre cerveau est intact.

   Ces septes fonctions du cerveau peuvent est trouver dans la vie des gens dont le cerveau est en bonne santé.

Les symptômes d'un cerveau endommagé

Quand vous rencontrez une personne dont le cerveau est sous attaque ou endommagé vous découvrirez certains symptômes. La condition de plusieurs allait du mal au pire. Tout simplement a cause de l'inhabilitée à diagnostiquer la différence entre un cerveau en bonne santé et celui qui est endommagé. C'est malheureux qui est beaucoup de gens fous qui se baladent dans de vêtement impeccables dans nos rues. Beaucoup de gens sont devenus fous totalement ou partiellement parce qu'ils ont été attaqués par l'ennemie. Comment alors savoir si ton cerveau a été attaqué par l'ennemie ? Comment aider une personne qui victime des flèches du cerveau ?

Ces éléments suivants sont les symptômes d'un cerveau sous attaque de l'ennemie.

1. L'insanité

C'est le premier symptôme de l'attaque du cerveau. Un autre mot pour l'insanité est la folie . Il y a plusieurs niveau de la folie . La bible inclue la folie parmi les problèmes sérieux.

Deut.28 :28 « L'Éternel te frappera de délire, d'aveuglement, d'égarement d'esprit, »

Zack 12 :4 « En ce jour-là, dit l'Éternel, Je frapperai d'étourdissement tous les chevaux, Et de délire ceux qui les monteront; Mais j'aurai les yeux ouverts sur la maison de Juda, Quand je frapperai d'aveuglement tous les chevaux des peuples. »

Etre fou, c'est de perdre le contrôle totale de votre cerveau et de commencer a vous comporter d'une manière anormale. La bible nous donne une image d'un fou typique.

Marc 5 :2-15 « Aussitôt que Jésus fut hors de la barque, il vint au-devant de lui un homme, sortant des sépulcres, et possédé d'un esprit impur.

Mar 5:3 Cet homme avait sa demeure dans les sépulcres, et personne ne pouvait plus le lier, même avec une chaîne.

Mar 5:4 Car souvent il avait eu les fers aux pieds et avait été lié de chaînes, mais il avait rompu les chaînes et brisé les fers, et personne n'avait la force de le dompter.

Mar 5:5 Il était sans cesse, nuit et jour, dans les sépulcres et sur les montagnes, criant, et se meurtrissant avec des pierres.

Mar 5:6 Ayant vu Jésus de loin, il accourut, se prosterna devant lui, Mar 5:7 et s'écria d'une voix forte: Qu'y a-t-il entre moi et toi, Jésus, Fils du Dieu Très Haut? Je t'en conjure au nom de Dieu, ne me tourmente pas.

Mar 5:8 Car Jésus lui disait: Sors de cet homme, esprit impur!

Mar 5:9 Et, il lui demanda: Quel est ton nom? Légion est mon nom, lui répondit-il, car nous sommes plusieurs.

Mar 5:10 Et il le priait instamment de ne pas les envoyer hors du pays.

Mar 5:11 Il y avait là, vers la montagne, un grand troupeau de pourceaux qui paissaient.

Mar 5:12 Et les démons le prièrent, disant: Envoie-nous dans ces pourceaux, afin que nous entrions en eux.

Mar 5:13 Il le leur permit. Et les esprits impurs sortirent, entrèrent dans les pourceaux, et le troupeau se précipita des pentes escarpées dans la mer: il y en avait environ deux mille, et ils se noyèrent dans la mer.

Mar 5:14 Ceux qui les faisaient paître s'enfuirent, et répandirent la nouvelle dans la ville et dans les campagnes. Les gens allèrent voir ce qui était arrivé.

Mar 5:15 Ils vinrent auprès de Jésus, et ils virent le démoniaque, celui qui avait eu la légion, assis, vêtu, et dans son bon sens; et ils furent saisis de frayeur. »

L'insanité est une condition très terrible .Ceux qui sont fou se comportent anormalement, ils sont dans des endroit s rocailleux comme les tombeaux, sous les ponts, aux arrêts de bus , et dans des endroits exposés. Certains hommes fous se trainent dans la poussière et s'infligent des blessures, brisent en morceaux les chaines avec lesquelles ils étaient liées, D'après le passage ci dessus l'homme fou de Gandhara allait des montagnes aux tombes criant et se coupant le corps avec des pierres. Il était un homme fou qu'on ne pouvait maitriser. Mais quand il fut confronté a l'onction de Jésus Christ, il reçu la délivrance et s'assit en un endroit avec des vêtements propres et tout son bon sens.

Marc 5 : 15« Ils vinrent auprès de Jésus, et ils virent le démoniaque, celui qui avait eu la légion, assis, vêtu, et dans son bon sens; et ils furent saisis de frayeur. »

L'insanité est une condition précaire. Le fou de Gandhara avait 6000 démons qui vivaient en lui . Au moment ou les démons le quittaient ils ont possédé 2000 porcs qui se sont jetés dans la mer . Quand le cerveau est possédé par des démons, la condition de la victime est terrible. L'insanité est un état que beaucoup de personnes traversent aujourd'hui.

Les hôpitaux psychiatriques sont submergés de plusieurs expériences. Beaucoup de gens entrent et sortent des centres de guérison mentale et des hôpitaux psychiatriques. Ceux qui vivent normalement, expérimentent la folie une fois en passant quand le cercle de la lune programme des attaques. . Ceci montre que la folie est une attaque spirituelle profonde. Nous ne pouvons pas nier le fait que certains problèmes mentaux sont liés au fait que la victime souffrait de la fatigue, de la détresse mentale et une dépression approfondie, ce qui peut être largement psychologique. Cependant le doigt du diable n'est pas loin de ce genre de folie partielle. Vous avez besoin d'une délivrance des problèmes du cerveau.

2. Le changement Humeur

Une des attaques du cerveau est le changement d'humeur. Dès que le cerveau reçoit une attaque, il se produit un changement d'humeur. Quelqu'un qui était très joyeux devient anxieux. Quand ce genre d'attaque se manifeste l'humeur de la victime devient changeante. Les victimes de cette attaque souffrent des manipulations spirituelles méchantes.

3. Tendance suicidaire

Un autre symptôme, est que la tendance de se suicider devient très forte . Une petite chose arrive et la v victime commence a penser au suicide. Le suicide est très commun dans plusieurs partis du monde spécialement dans les sociétés civilisée . En Europe et en Amérique. Par exemple les gens se suicide dès que leur cerveau est manipulée . Plusieurs se sont suicidés en avalant des drogues qui tuent , en se pendant , je jetant dans une rivière, et se jetant sur une voiture en pleine vitesse .Certains achètent des fusils et tire sur eux-mêmes .

Le royaume des ténèbres sponsorise ces épisodes de suicide. Si nous examinons la raison pour laquelle les gens se suicident, nous seront surpris. Dés que le démon injecte le poison de suicide dans le cerveau , la victime s'en fou de toute les conséquences et se tue en ignorant le fait que tant que nous sommes en vie il y a toujours de l'espoir . Les démons en charge du suicide vous font ignorer le fait qu'il n'y a personne sur cette terre qui n'ait pas de problème . Si chaqu'un se tuait lorsqu,il y a un petit problème , alors il n'aurait personne sur la terre aujourd'hui .

Les tendances suicidaires sont sponsorisées par les démons méchants . Plusieurs personnes qui était supposées être de grandes personnalités et des étoiles exceptionnelles se sont suicidées , ils ont décidé de mettre fin a leur vie , alors que tout ce qu'ils avaient a faire était d'attendre seulement un peu . C'est malheureux que plusieurs gens qui commettent le suicide , le font souvent au bord de leur percées .

4. Le choc

Le choc se manifeste quand les forces du corps sont paralysées. Les victimes d'attaques soudainement perdent la capacité d'utiliser leur jambes et leur mains .La plus part des gens qui souffre du choc , se réveillent le matin et découvre que leur main ou pied droit ne fonctionnent plus . J'avais commence par dire que le cerveau contrôle et coordonne les mouvements de toutes les parties du corps .

Des qu'il y a un problème au niveau du cerveau ,un signal est donné au système nerveux centrale qui sera incapable de fonctionner normalement . Quand une flèche maléfique   est tirée , elle conduit a la paralysie qui se développe d'un coup. Ceux qui souffrent du choc sont ceux dont les problèmes sont dus   a des expériences traumatisantes ou autres .

Toute personne qui ressent les symptômes d'un choc doit examiner rapidement l'état réel de son cerveau , car c'est la source véritable de toute forme de choc .

5. Les mauvaises décisions
Beaucoup de gens prennent de mauvaises décisions qui les conduit dans plusieurs problèmes dans la vie . Le cerveau est une fabrique du processus des prises de décisions. Des qu'il est attaqué , les mauvaises décisions seront prises et les conséquences peuvent très dur .

6. La peur
La peur est un problème très terrible. Des que le cerveau est attaqué par l'esprit de la peur, il programme la peur dans le cœur . Beaucoup de gens ont posé de mauvais pas qui les ont fait prendre des décisions destructives a cause de la peur. Ce qui tue les gens, n'est pas le problème, mais la peur de l'inconnu. Des que la peur s'installe dans un endroit sure du cerveau, la victime se trouvera a l'instant dans le puits de la destruction. Quand il ya un incendie, beaucoup de gens meurent parce que le cerveau a donné un mauvais signal. Le feu ne peut tuer personne, mais beaucoup de gens meurent dans le processus de s'échapper dans la peur . Job a déclaré « : Ce que je crains, c'est ce qui m'arrive » et la dit aussi dit que la peur est un tourment.

7. La pensée négative

Beaucoup de gens ne sont pas capables d'accomplir leur destin a cause des pensées négatives. Plusieurs personnes ne sont pas capables d'avoir de bonnes pensées parce que leur cerveau est assiégé. Certains ne peuvent pas contrôler leur cerveau, ainsi ils continuent de penser négativement. La bible dit : « les pensées de l'homme reflètent son cœur « Si vous avez des pensées négatives parce que votre cerveau est manipulé, vous aurez une vie négative et par conséquent vous finirai avec une destinée négative.

8. Trop dormir

Beaucoup de gens sont esclave du sommeil a cause du problème de cerveau qui est grandement spirituel . . Quand une flèche d'attaque spirituelle est tiré dans le cerveau de la victime, la sentence c'est le sur sommeil. Vous ne désirez rien d'autre que de dormir et dormir. Les gens qui sont injecté du désespoir dans le cerveau, lutte avec le sommeil excessif. ils pourrait ne pas vouloir faire face a la vie et aux responsabilités de la vie , puisqu'il préfère enterrée leur tête dans le sable comme une autruche et dormir un sommeil indéterminé comme si rien ne se passait autour d'eux . C'est une attaque spirituelle.

9. Le désintéressement aux bien être des autres

Quand vous souffrez d'une blessure dans le cerveau, vous vous retirée . Vous pourrez même être indifférent a votre propre bien être , bien plus parler de celui des autres . ceux qui sont attaqués du cerveau sont négative par rapport aux autres , Ils ne sont pas capables de manifester l'intérêt pour le bien être des autres .

10. Le manque de motivation

Quand il y a un problème avec le cerveau, vous manquez d'enthousiasme et de motivation. Etre motivé est une fonction du cerveau . des qu'il y a une malformation dans le cerveau ,votre motivation baisse et vous ne serez plus excité par quoique se soit . Quand vous n'êtes pas motivé , vous n'allez pas posséder le permis pour œuvrer a l'accomplissement de votre destinée .

Ainsi , vous ne devez pas permettre a votre cerveau de conserver leurs jurons de la manipulation spirituelles et des attaques.

CHAPITRE 3

ANALYSE DES PROBLEMES DU CERVEAU

Beaucoup de gens souffrent des conséquences de l'attaque du cerveau. Comment détecter les problèmes provenant des attaques spirituelles et physiques du cerveau ? Ces éléments suivant sont les symptômes généraux associée a l'attaque du cerveau . Quand ces problèmes sont remarqués, cela indique que vous avez surement besoin de la délivrance du cerveau .

1. Des pleurs irraisonnables

Quand votre cerveau a été programmé négativement dans le but de vous faire pleurer, sans cesse, vous avez besoin d'aide. Beaucoup de gens pleurent de manière irraisonnable Leur cerveau est attaqué et la réaction est des pleurs sans raison. Certains pleurent le matin, avant de se coucher la nuit, et à minuit. Quand vous rencontrez quelqu'un qui pleure sans raison, c'est qu'il y a un problème avec son cerveau. Ce genre de personne a besoin de délivrance.

2. Manque de pardon irraisonnable

Quand votre cerveau est attaqué, vous oubliez les choses arbitrairement. Un cerveau malade oublie les choses facilement. Ceux qui traversent des expériences choquantes sont tellement affectés qu'il devient difficile pour eux de se rappeler les choses. Ils oublient les choses au point ou l'on commence à se poser des questions à leur sujet.

3.   Une absence de concentration

Quand le cerveau est attaqué, votre niveau de concentration devient très pauvre. Vos pensées sont perturbées et vous arrivez difficilement à demeurer constant.

4.   Maux de tête inexplicable

Ce ne sont pas tous les maux de têtes qui sont normaux. Ceux qui sont anormaux sont l'œuvre de l'attaque du cerveau. Ceux qui souffrent des maux de tète extrêmement frappant et douloureux sont dans cette condition. , parce qu'ils ont traversé des situations qui ont introduit un choc déséquilibrant de leur cerveau. Ce genre d'expérience donne soudain des maux de tête qui n'ont rien avoir avec les autres maladies.

5.   Les problèmes de cœur

Beaucoup de gens développent soudainement des maux de tête pendant que les autres développent la malformation. du rein ou du cœur. Ceci est dû à un mauvais signal donné par le cerveau au cœur. Avec ce faux signals, le cœur développe toutes sorte de maladies.

6. Les douleurs de poitrine

Il y a un lien très proche entre le cœur et la poitrine, quand il y a une anomalie spirituelle ou physique, l'effet se fera sentir au niveau de la poitrine. Quand le cerveau est surchargé avec les pensées concernant les affaires de la vie, le poids se fait ressentir sur le cœur. Ceci abouti une mauvaise santé physique du cœur. Quand le cerveau interprète les chocs et envoie des signales similaires a la poitrine, la poitrine sera affectée. Le bombardement du cerveau de problèmes permanents feront battre le cœur rapidement et conduit a la suite **a des** douleurs physiques.

7. Le vertige constant

Beaucoup de gens ont très souvent le vertige. Quand le vertige devient constant les gents attributs cela a un problème médicale. Le vertige est une évidence de la confusion du cerveau. C'est possible que les pouvoirs des ténèbres attaquent les gens avec des vertiges constants. Ce genre de personne termineront leur vie sans avoir été utile à eux même.

8.   Le manque de stabilité

Beaucoup de gens sont instables. Ils expériences facilement le tremblement des jambes et des pieds. Cette condition étrange provient. L'attaque du cerveau provoque le déséquilibre des pieds, le tremblement des mains et la modulation de la voix. Très souvent les victimes des attaques de cerveau commence mystérieusement a bégayer bien qu'il n'est pas dans l'histoire de la famille quelqu'un qui est bégaie.

9.   Comportement étrange.

Beaucoup de gens trouvent difficiles de contrôler le fonctionnement de leur corps et certains comportements étranges. Certaines personnes transpirent difficilement quelque soit le travaille qu'ils font. Contrairement a d'autres qui ne font que transpirer quelque soit la froids auquel ils sont exposés. Certains peuvent franchir une chaude et plaisante fontaine et rester indifférent. . Ce genre de personne doit prier pour le cerveau, car il ne va pas bien.

10.   Une capacité d'attention très limitée

Certaines personnes sont incapables de rester attentive plus de 20 minute, peu de temps après, ils auront les pensées distraites. Beaucoup de gens sont incapables de se concentrer à cause des attaques du cerveau. Si vous n'êtes pas capable de garder votre attention focalisé, alors vous avez besoin des prières de délivrances du cerveau.

11.   La distraction

Beaucoup de gens sont très souvent distraits. Quelqu'un peu être en classe quand souvent son esprit est occupée à vendre ou acheter dans le marché. Quand votre cerveau est attaqué, vous serez distrait. Vous pouvez être entrain d'écouter une conversation, quand votre esprit est très loin.

12.   Retard chronique

Il y a des gens qui sont des retardataires habituels. Ils arrivent en retard a l'église, arrivent en retard a des réunions importantes, et vont en retard tous les jours au travaille. Ces gens ont le cerveau attaqué, puisqu'ils ont une mauvaise considération du temps. Tant que vous aurez une mauvaise considération du temps, vous serez toujours en retard même si on vous donne assez temps.

13.   Une mauvaise gestion du temps constant.
Beaucoup de gens qui souffrent de l'attaque du cerveau, ne sont pas capables de gérer le temps a proprement dit. Une victime d'attaque du cerveau n'est pas capable de garder une bonne attitude, ce qui lui permettra d'avoir une bonne gestion du temps .Quelque sois la mission qui est donnée aux gens, ils sont toujours confrontes au problème de la gestion du temps. Vous devez attraper votre tête avec vos mains et priez pour l'habilite de bien gérer le temps.

14.   Etre désorganiser
Beaucoup de gens sont désorganisés d'une manière chronique. Leur vie est une belle pagaille due à l'alcool et de sérieuses attaques du cerveau. Nous avons rencontré des gens intelligents qui ne sont pas capables de se retenir, a cause des flèches satanique tirées dans leur cerveau .

15.   La procrastination
Quand le cerveau n'arrive plus à fonctionner normalement, la victime va continuer à reporter au lendemain ce qui peut être fait aujourd'hui. La procrastination est un voleur du temps. Mais il se manifeste quand le cerveau est très lent à prendre des

décisions et a agir promptement. Puisque beaucoup de gens ne sont pas capables de jouir des fruits d'un cerveau complet, ils passent le temps a reporter ce qu'ils doivent faire maintenant.

16.   Inhabilité d'apprendre des erreurs passées

Quand le cerveau est attaqué, la victime va développer une courte mémoire. Cette personne fera toujours les mêmes erreurs, puisqu'elle n'a rien appris des expériences passées. Quand vous avez le contrôle de votre cerveau, vous ne ferez pas les mêmes erreurs. Ce que vous avez appris vous empêchera de poser vos pieds dans le même piège.

17.   Inhabilité d'éviter de faire des erreurs futiles

Tout le monde commet des erreurs une fois en passant. Mais commettre les mêmes erreurs futiles plusieurs fois est impardonnable. Si votre cerveau fonctionne normalement, vous n'allez pas continuez à répéter les même erreurs futiles. Une nouvelle situation qui pourrait vous faire répéter les mêmes erreurs passées sera rapidement contrôlée et vous serez capable d'éviter l'erreur. Mais le diable manipule le cerveau des gens et les emmène a commettre les mêmes erreurs a plusieurs reprise.

18. Une mauvaise fin

Ceci est un problème commun. Plusieurs personnes dont le cerveau a reçu des flèches sataniques finissent mal. Ce genre de personne commencent bien et finissent mal. Quand le cerveau a été manipulé, cela produit une mauvaise fin.

19. Mauvaise programmation.

Une mauvaise programmation résulte d'un cerveau a problème . Vous ne pouvez planifiez efficacement sans un cerveau en bonne santé. La situation est grave quand vous ne faites pas de plan par peur de faire des erreurs. Vous avez besoin de la délivrance de votre cerveau pour éviter une mauvaise planification.

20. Manque d'objectifs clair.

Etablir un objectif est une fonction du cerveau. Quand votre cerveau est normal, vous serez capable d'établir des objectifs clairs et profitables. L'attaque du cerveau produira des objectifs au hasard

Mais quand votre cerveau est en bonne santé, vos objectifs seront très clairs.

21.   Rêveries excessives

Les gens qui ont le cerveau attaqués ont des rêveries excessives. C'est pourquoi ils demeurent dans la même condition. Ils se construisent des châteaux dans les airs. Les rêveries vous conduisent dans un pays ou rien n'est réel. Ne permettez pas à l'ennemi de vous attaquer avec des rêveries.   Demandez au Saint-Esprit de purifier votre

22.   L'agitation

Beaucoup de gens qui ont des problèmes de cerveau, souffrent du manque de repos pathologique. Certaine personnes ne peuvent pas s'organiser. Ils font plusieurs choses au même moment sans les finir.

23.   La paresse

Les activités humaines sont contrôlées à partir du cerveau   . Les attaques physiques et spirituelles du cerveau conduira a la paresse. Si l'élan de votre cerveau est troublé, vous aurez la paresse chaque fois que vous entreprendriez quelque chose.

24.   Chercher toujours à se battre.

Un cerveau qui est attaqué, conduira toujours la victime à se révolter. Certaines personnes sont   des bagarreurs incontestables. Ils se mettent en colère même sans provocation. Ils se battent partout ou ils vont. Ceci est une évidence de l'attaque du cerveau.

25.Le bavardage.

Le bavardage est une évidence que le cerveau est attaqué. Quand quelqu'un parle sans arrêt pendant des heures, cela montre qu'un boulon particulier manque dans le cerveau. Ceux qui ne savent pas garder la bouche fermée ont le cerveau attaqué.

26.   Un comportement de dépendance.

Tout comportement qui ressemble à celui de la dépendance montre qu'il y a un problème au niveau du cerveau.   L'addition a   l'alcool, la cigarette, la nourriture, le sommeil, et des manières plaisantins montre qu'il y a un problème au niveau du cerveau. Quand vous commencez à soupirer après l'alcool, le sexe, ou tout autre comportement étrange, cela montre qu'il y a un problème quelque part dans la tête qui va produire quelque chose de négative.

27.   Une haine intensive du changement

Les changements sont évitables dans la vie, mais un cerveau qui a été renversé va développer une haine pour le changement. Pour faire des progrès dans la vie , vous deviez continuez a faire des changements . Un cerveau qui ne peut pas s'adapter au changement est un cerveau attaqué. Quand vous traitez le changement comme un fléau, cela montre que vous avez besoin d'une délivrance du cerveau.

28. Se battre et utiliser un langage insultant au volant de votre voiture

Nous concluons souvent que le déséquilibre mental est restreint à ceux qui sont admis dans les hôpitaux psychiatriques. Cela n'est pas vrai. Beaucoup de gens qui se battent et utilisent des langages insensés pendant la conduite ont une ou deux choses anormale dans le cerveau. Allez dans nos rues aujourd'hui et vous verrez les chauffeurs des bus de transport et ceux qui conduisent leur voiture personnelle utiliser des langages insultants et se battre physiquement. . Ce genre de personne doit faire la délivrance du cerveau.

29. Une agressivité mal placée.

Beaucoup de gens manifestent l'agressivité au mauvais moment a la mauvaise personne. Quand la chaleur pénètre le cerveau, la victime reçois un transfert de l'agressivité.

30.   Une union irraisonnable

Certaines personnes dont le cerveau est attaquées, manifestent des désirs étranges dans le domaine du mariage et des affaires. Quelqu'un qui n'a pas de talents pour faire les affaires et   qui veut épouser quelqu'un qui est un expert dans les affaires dont il n'en sait rien. Ce genre de relation échouera. Un jeune veut épouser une femme qui ne parle seulement le français, alors qu'il n'a aucune notion du français. Ce genre de mariage montre que le cerveau de cette personne a manifesté un désir insensé qui va détruire le foyer dans l'avenir. Comment un boucher illettré décide d'épouser une chrétienne qui est une directrice, dans le but de vouloir évoluer dans la vie. Si son cerveau fonctionnait normalement, le boucher chercherait quelque chose de raisonnable. Une union irraisonnable va exposer le foyer aux troubles.

31.   Etre trop sensible aux insultes.

Quand votre cerveau est normal, vous accepterez les insultes et tolérerez être ridiculisé. .Des le moment que vous devenez trop sensible, vous manifesterez des réactions anormales. N'avez-vous pas lu votre bible ? Avez-vous oubliez que Jésus a été insultée, ridiculisé, et qu'on a crachée sur lui ? Havez-vous oubliez qu'il a déclaré : Père pardonne leur car ils ne savent pas ce qu'ils font ? Pourquoi oubliez-vous les écritures qui enseignent la maitrise de soi, la patience, et tourner le dos aux autres ? C'est tout simplement parce que votre cerveau est attaqué.

32.   Etre dépendant des stimulants

Ceux qui dépendent des stimulants telle que le café, la drogue, les somnifères, la noix de cola, etc doivent priez pour leur cerveau. Si votre cerveau fonctionne normalement, vous n'aurez pas besoin de dépendre de quoique ce soi pour rester éveillée   ou avoir une vie active.

33.   Aimer les choses trop sucrées

Le faite d'aimer les choses trop sucrée, montre que le cerveau est attaqué. Certaines personnes continuent de consommer le chocolat, les bonbons sucrés et les chewing gum jusqu'à ce que leur dent des problèmes sérieux. Certaine personnes consomme le sucre jusqu'à ce qu'il développe le mal de ventre chronique. Ce genre d'esclavage montre que le cerveau est dans u e condition très précaire.

34. Fumer et utiliser la drogue très forte

Si vous fumez et si vous avez déjà fumé, votre cerveau ne sera jamais le même. Ceux qui veulent que leur cerveau soit a 100% normal ne fument pas. Ceux qui prennent la drogue forte comme la marijuana, la cocaïne et le barbiturate souffrent des problèmes du cerveau.

35. Un sens chronique de la haine

Dès le moment ou vous pensez que tout le monde vous haie et que personne ne vous aime, votre cerveau est sérieusement attaqué. Comment tout le monde dans le monde peut vous haïr ? Ce sens chronique de la haine, montre que qu'une flèche maléfiques a été programmée dans votre cerveau. Peu importe qui vous soyez, quelqu'un quelque part vous aimera. Si vous continuez à penser que tout le monde vous hait, cela montre que vous avez involontairement programmé la haine dans votre cerveau

36. Entendre le contraire de ce que les gens disent

Le cerveau de plusieurs gens sont tellement attaqué au point que quand les gens leur font des compliments ils pensent que ces gens sont entrain de les condamnés. Le cerveau peut être programmé de telle sorte que vous pouvez entendre ce que vous voulez entendre.

Une conception négative vous fera entendre les choses différemment de ce qui est dit . Quand les gens vous font des compliments, vous pensez qu'ils se moquent de vous. Votre cerveau est sérieusement attaqué.

37.　Confusion

La confusion est le produit d'un cerveau qui a reçu des flèches sataniques .Beaucoup de gens sont confus, vivant dans cette condition jours et nuit. Vous devez sanctifiez votre cerveau au travers de la prière et la délivrance. Ne permettez pas au diable de renverser votre cerveau. Ne gardez aucun bagage maléfique dans votre cerveau. Que Dieu vous donne un cerveau en bonne santé et libéré de toute manipulation satanique. Vous devez crier sérieusement au Seigneur aujourd'hui.

CHAPITRE QUATRE
LES STRATEGIES DU DIABLE

Le diable sait que votre cerveau est la fondation d'une destinée brillante .Il sait que quand votre cerveau a été capturé, votre est changée. Si vous priez jusqu'à ce que votre cerveau change, vous serez capable, vous serez capable d'atteindre votre but dans la vie. Pour maximiser le potentiel de votre cerveau, c'est maximiser votre destinée. Pour changer votre destinée, vous devez changer votre vie, pour changer votre vie vous devez changer votre cerveau. Pour avoir un meilleur statut dans la vie, vous devez développer votre cerveau .

Votre cerveau est votre plus grand bien ; c'est votre ticket pour la grandeur et passeport pour la classe de ceux qui sont exceptionnels.

L'un des points essentiels concernant le développement de votre cerveau est de vous assurer que, ce que Dieu a déposé dans votre cerveau vous permettra d'être grand .La chose la plus malheureuse qui puisse arriver à quelqu'un, c'est d'aller à la tombe avec un cerveau non utilisé.

Comment le diable attaque le cerveau humain ? Qu'est-ce qu'il fait pour infiltrer le cerveau avec des problèmes qui affecteront le destin de la victime ? La bible a clairement signifié la mission du Diable contre l'humanité.

Jean 10 : 10 « Le voleur ne vient que pour dérober, égorger et détruire; moi, je suis venu afin que les brebis aient la vie, et qu'elles soient dans l'abondance. »

1. Emprisonnement satanique du cerveau

Si vous permettez au diable d'emprisonner votre cerveau, vous lui donnez une licence pour manipuler votre destin.

Si Dieu vous a créé pour être exceptionnel en vous donnant un des cerveaux les plus excellents du monde et que vous mourez sans que vous ne soyez connu au delà de votre communauté, alors votre cerveau est dans la servitude. Quelqu'un qui a un des cerveaux les plus brillant du monde qui fini sa vie avec le statu d'un champion local est un exemple classique de quelqu'un qui a un cerveau emprisonné. Je veux que vous compreniez le faite qu'il y a un département dans le règne démoniaque qui est chargé de garder le cerveau humain dans des prisons fortifiée. Leur rôle est d'attaquer spécialement la tête et le cerveau. Le diable leur a donné la responsabilité de rendre le cerveau captif ? de l'asservir et l'oppresser. Des que cette mission démoniaque est achevée, la victime sera très loin du niveau ou Dieu veut qu'elle soit.

2.   Le cerveau démonique

Un cerveau démonisé signifie simplement un cerveau qu'un esprit malin a décidé de détruire .Beaucoup de gens ont des personnalités maléfiques qui résident et vivent dans leur cerveau. Le but de ces esprits malins est de vous conduire dans la confusion. La présence de ses esprits malin et leur activité dans le cerveau pousseront la victime a mal se comporter.

3.   Le cerveau maudit

La situation est plus grave quand le cerveau est maudit. Les agents sataniques très méchants attaquent les cerveaux en plaçant sur des malédictions très terribles. Partout où vous allez avec un cerveau maudit, vous n'accomplirez rien du tout malgré votre intelligence exceptionnelle. Si des mains maudites ne peuvent rien accomplir, a plus forte raison un cerveau maudit. Beaucoup de gens se promènent avec des cerveaux maudits.

4.   Le cerveau envoûté

Il y a aussi le problème du cerveau envoûté. Si un cerveau a été emmené dans un couvent de sorcellerie, il deviendra anormal. L'un des passe temps favorite des sorciers et sorcières est de préparer le cerveau humain spirituellement dans un chaudron. Dès que le cerveau est préparé de cette manière, il ne fonctionnera plus jamais normalement. Nous avons des étudiants qui étaient très brillants mais qui ont soudain développé l'idiotie. Ce genre de problème arrive très souvent quand le cerveau est envouté.

5.   Les cerveaux sous des jougs maléfiques
Quand l'ennemi veut attaquer, il place des jougs maléfiques sur le cerveau. Ce que le diable fait, est de placer le moteur d'une Toyota starlette dans une tipper lorry qui transporte le sable. Le moteur va simplement s'arrêter. Malheureusement quand les gens dorment dans la nuit le diable, le diable prend leur cerveau et en fait usage toute la nuit. Ces gens se réveilleront avec des maux de têtes très sérieux. Si vous avez fait ce genre d'expérience, vous avez besoin de délivrance.

6.   Des cerveaux entourés par la bande de méchanceté
Chaque fois que le diable veut attaquer ses victimes, il envoie une bande de méchants agents et ils assujettissent le cerveau pour multiplier les attaques. Si la bande de la méchanceté n'est pas brisée, le propriétaire du cerveau ne pourra rien faire de bon avec son cerveau

7.   Les cerveaux sous une alliance maléfique
Sans le savoir, beaucoup de gens avec leur cerveau
sont entré en alliance avec le Royaume des ténèbres
.Quand le cerveau est impliqué dans une alliance
maléfique, la victime peu une foi en passant manifester
une intelligence extraordinaire, mais le reste du temps,
elle sommeillera à un niveau très bas de performance
.Quand le diable est impliqué dans une alliance avec
votre cerveau , vous ne pourrez pas l'utiliser
efficacement.

**8.   Les cerveaux qui contiennent   des semences
         maléfiques.**
Dès que le diable réussit à planter des semences
maléfiques dans votre cerveau, il aura une plante
maléfique qui donnera des fruits maléfiques.

9.   Les cerveaux opposés aux passages bibliques
Il y a certains gens dont le cerveau est nul quand il s'agit
de mémoriser les passages bibliques. Ce genre de
personne peut retenir toute autre information, mais ils
oublient toujours les passages bibliques. Certaine
personnes ont découverte que quelque chose est tout
temps entrain de enlever les passages bibliques de leur
cerveau. Ceci est une évidence de l'attaque satanique
du cerveau.

10.   L'embargo satanique

L'embargo satanique assujetti le cerveau a une lenteur. Il y a l'absence de progrès et l'avancement devient impossible. Le cerveau ne serait pas capable d »achever certains but parce qu'un embargo a été placé sur lui.   Un embargo spirituel sur le cerveau provoquera la limitation. Un cerveau qui est limité ne s »étendra pas jusqu'a 'a niveau le plus élevé.

Vous ne pouvez pas déterminer la   présence de ces méthodes sataniques ce combat contre le cerveau, jusqu'à ce que vous ayez une confrontation spirituelle qui va déloger les pouvoirs qui sont assis   sur votre cerveau. Nous avons rencontré des cas de gens qui après de sérieuses délivrances   et prière ont réalisés qu'ils souffraient d'un déficit de cerveau. Ce genre de personne peut dire maintenant qu'ils veulent évoluer, apprendre. Cela montre qu'un voile maléfique à été enlevé de leur tête et   peuvent maintenant agir normalement.

Dès qu'un arbre maléfique est déraciné du cerveau, il aura un renversement automatique   du fonctionnement du cerveau. Ceux dont le cerveau agissait d'une manière irraisonnable, découvriront d'une manière soudaine le retour a la normal.

Beaucoup de gens échoue aux examens, simplement parce que au moment où ils s'apprêtent à étudier, un profond sommeil tombe sur eux. Cela arrive, quand un programme maléfique est contre le cerveau. Ceci explique pourquoi la bible dit : « Ne jurez pas par votre tête » Jurez par votre tête signifie jurez par votre cerveau, ce qui est l'essence du bon fonctionnement de votre esprit.

CHAPITRE CINQ
LES ETAPES DU RECOUVREMENT
DU CERVEAU

Ce que nous découvrons dans le domaine des attaques du cerveau n'a rien à avoir avec Dieu. Dieu n'est pas l'auteur du mal . Ce que Dieu vous a réservé est un bon esprit selon les passages de l'écriture.

2 Tim1 :7 « Car ce n'est pas un esprit de timidité que Dieu nous a donné, mais un esprit de force, d'amour et de sagesse. »

Prov 14 :30 « Un cœur calme est la vie du corps, Mais l'envie est la carie des os. »

Vous devez bannir tous les démons du cerveau et confier votre cerveau au Saint-Esprit. Vous devez avoir l'habitude d'invoquer le Saint-Esprit sur votre cerveau.

Comment pouvons expérimenter un cerveau en bonne santé ? Comment pouvons obtenir la délivrance du cerveau ? Comment être sure que le cerveau a accompli ce pour lequel Dieu l'a créé ? Comment est cerveau peut obtenir une bonne santé et être productive ? Ces étapes suivantes vous permettront d'obtenir la délivrance et un cerveau en bonne santé.

1. La repentance

Toute attaque du cerveau est due au faite qu'une porte est été ouverte a satan . Le cerveau étant une partie délicate du corps, toute négligence concernant le péché va exposer le cerveau aux attaques.

La bible dit : « Celui qui renverse une muraille sera mordu par le serpent » Dieu a bâtit un mur de protection autour du cerveau. Des que vous renversez ce mur, le serpent d'attaque du cerveau vous mordra.

Actes3 :19 « Repentez-vous donc et convertissez-vous, pour que vos péchés soient effacés afin que des temps de rafraîchissement viennent de la part du Seigneur »

Quand vous vous repentez et confiez votre vie a Dieu vous allez totalement empêcher le diable d'empiété et d'attaquer votre cerveau. Sans la repentance vous ne pouvez pas expérimenter la totalité des potentialités de votre cerveau, puisque le péché maintiendra la porte de votre vie grandement ouverte et vous expérimenterez une invasion satanique de votre cerveau .

2.   Briser les malédictions sataniques

Quand les malédictions sont attachées a votre tête elles affecteront votre cerveau .Vous ne pourriez pas expérimenter. un cerveau en bonne santé quand les malédictions sont en place. Vous devez délivrer votre cerveau des malédictions sataniques, des alliances maléfiques, et toute forme d'attaque démoniaque du cerveau.

3.   Recevez une transfusion sanguine du ciel

Ceux qui ont étudié le fonctionnement du corps humain , nous disent que le sang circule dans tout le corps et le cerveau .. Si un sang maléfique circule dans le cerveau, le cerveau ne peut bien fonctionner. Vous devez évacuer de votre cerveau tout sang satanique transfusé et recevoir une transfusion divine de sang

Priez et demandez à Dieu de faire circuler dans tout votre cerveau un nouveau sang provenant du ciel.

4.   Attaquer les serpents et les scorpions de la tête.

La présence des serpents et scorpions est hostile au bon fonctionnement de votre cerveau. Nous ne devons permettre aux venins des serpents et des scorpions doivent de polluer votre cerveau et de l'empoisonner au point que votre cerveau commence a agir de manière anormal. Vous devez tuer les serpents et les scorpions avec les balles de la prière.

Luc10 : 19 « Voici, je vous ai donné le pouvoir de marcher sur les serpents et les scorpions, et sur toute la puissance de l'ennemi; et rien ne pourra vous nuire. »
Priez jusqu'à ce que les étrangers fuis de leurs lieux de cachette.

5.   Que votre cerveau reçoive une délivrance totale
Ne négligez jamais rien. Soumettez votre cerveau a tout moment a la délivrance. Détruisez et tuez tout pouvoir démoniaque résident qui tourmente votre cerveau.

6.   Développez votre cerveau
Dieu est le créateur de votre cerveau. Comme il peut donner un nouveau pied au paralytique, des nouveau yeux a ceux qui souffrent des maladies des yeux , des nouveau organes du corps a ceux qui n'en n'ont pas , il peut aussi vous bénir avec un cerveau très intelligent . Si cela est nécessaire, Dieu peut transplanter un nouveau cerveau dans votre tête . Il peut transformer un nullard en un intellectuel. Quelque soit le niveau de votre cerveau actuellement le pouvoir de Dieu peut effectuer une transformation.

Si le pouvoir de Dieu est libéré sur votre tête, et que l'onctions tombe sur votre cerveau, vous allez commencer a briller plus que les autres. Les gens vous verront et déclareront : quel type de sagesse vous possédez ? Vous allez avoir des idées extraordinaires qui feront de vous une star dans votre génération. Votre cerveau est doté d'un contrôle spirituel. C'est le moment ou Dieu veut vous toucher et faire ressortir l'esprit d'excellence en vous.

Priez les points de prière suivant et expérimentez la visitation divine sur votre cerveau aujourd'hui.

Points de prières

1. Flèches des ténèbres tirée dans mon cerveau, mourrez au nom de Jésus.
2. Pouvoir de la méchanceté de famille sur mon cerveau, meurs au nom de Jésus
3. Ma tête, rejette tout envoutement, au nom de Jésus.
4. Mon cerveau, réveille-toi au nom de Jésus.
5. Tout pouvoir qui invoque ma tête pour le mal, sois dispersé au nom de Jésus.
6. Je retourne a l'envoyeur toute flèche de la sorcellerie dans ma tête au nom de Jésus.
7. Toute main maléfique posée sur ma tête quand j'étais un petit enfant, meurs au nom de Jésus.

CHAPITRE SIX
LA CLINIQUE DE PENSÉE

Partout dans le monde, il y a des cliniques pour les yeux, les hôpitaux dentaires, les cliniques pour le cœur, les seins les poumons, les oreilles, le nez, et des hôpitaux spécialisés pour la gorge. Là-bas les gens vont examiner la condition de leurs yeux, leurs dents, et leur domaine nasal. Quand un problème est découvert dans ce domaine, des spécialistes médicaux prescrivent des médicaments, qui apporteront la guérison.

C'est malheureux qu'il n'y a pas de clinique pour le cerveau ou le gens peuvent partir pour le diagnostique des problèmes du cerveau. Le fait que les gens ne savent pas ou partir pour examiner leur cerveau, explique pourquoi les gens sont gardés dans les hôpitaux psychiatrique quand ils n'en peuvent plus.

Dites- moi, combien de personne rêverons d'aller dans un hôpital pour examiner l'état de leur cerveau ? Combien aussi prie pour la protection de leur cerveau des attaques spirituelle ? Le cerveau est l'une des parties du corps la plus attaquée. Des que votre cerveau expérimente la servitude, vous devez allez dans une clinique de pensée. C'est ce que représente ce livre .

VOS PENSÉES SONT IMPORTANTES

Pourquoi la clinique des pensées est-elle nécessaire ? C'est simplement parce que pensé représente la condition de votre cerveau. Vous ne pouvez pas détecter l'incursion de la maladie dans votre cerveau jusqu'à ce que vous commenciez a avoir certaines pensées. Juste comme la bonne santé des autres parties du corps humain dépendent des exercices. Le cerveau doit être examiné au travers de la pensée. Par exemple quand vous n'arrivez pas a bien utiliser vos membres correctement, vous souffrez de la paralysie. Un cerveau qui s'adonne a de mauvaises pensées, développera des problèmes après ou plus tard.

Quand votre cerveau a été entrainé a avoir des pensées positives, il va demeurer en bonne santé. Ceux a quoi vous pensez et comment vous pensez, vous indiquera l'état de votre cerveau. Votre pensée est le meilleur indicateur de la bonne santé de votre cerveau. Quand votre cerveau commence a avoir des pensées négatives, cela montre qu'il y a un problème quelque part. La bible est un livre complet. Elle n'a négligée Aucun domaine de la vie. La parole de Dieu contient les secrets d'une vie holistique. Dieu nous a fait une prescription pour maintenir un cerveau en bonne santé. Remerciez que votre cerveau ait été délivré, mais vous devez savoir ce que cela a couté de le délivrer de la contamination et de la servitude

A QUOI DEVONS-NOUS PENSER ?

Un des plus importants versets dans la bible nous révèle la pensée de Dieu au sujet de l'objet de nos pensées. La bible dit ;

Phil 4 :8 « Au reste, frères, que tout ce qui est vrai, tout ce qui est honorable, tout ce qui est juste, tout ce qui est pur, tout ce qui est aimable, tout ce qui mérite l'approbation, ce qui est vertueux et digne de louange, soit l'objet de vos pensées. »

La bible a déclarée sans équivoque concernant ce qui devrait être le sujet de nos pensées. Quand vos pensées sont en dehors des domaines qui sont décrit ci-dessus, alors votre cerveau est malade et défaillant. L'importance du cerveau humain est donné dans Proverbes 23 :7

« Car il est comme les pensées de son âme. Mange et bois, te dira-t-il; Mais son cœur n'est point avec toi. »

La bible déclare clairement que nous sommes le produit de notre cerveau et le résultat de notre pensée.

Un incident a eu lieu a l'école du dimanche des enfants il y a quelques années de cela.

L'enseignant a demandé aux enfants d'expliquer ce qu'ils entendent par le mot pensé. Un garçons de huit ans s'est levé et a donné une définition très intéressante « Penser est de garder votre bouche fermée lorsque votre cerveau est entrain de vous parler »

Examinons certains points saillants.

1.	Penser s'est parler à soi-même. C'est une activité qui vous produira une identité unique.

2.	Vous pouvez éduquer une personne, mais vous ne pouvez pas le faire penser. En d'autres mots l'éducation ne peut pas produire une bonne pensée. Les producteurs des bons produits souvent passent pour de bon penseurs, mais malheureusement, ce n'est pas toutes les personnes éduquées qui pensent. Ceci explique pourquoi nous rencontrons des gens bien éduqués qui font des choses inimaginables.

3.	Absence de pensée productive et constructive est la maladie de notre génération
Nous avons bénéficiez de plusieurs inventions faites par nos générations passées, mais notre génération présente agit comme si elle est en vacance. Les efforts de recherches diminue et les gens ne sont prêt a faire de nouvelles découvertes. Le refus de pratiquer des pensées productives et constructives conduira à un désastre. Bien-aimée, ce n'est pas toute chose que la délivrance et les points de prière peuvent faire.

4.	Penser est un concept très simple mais pas facile à pratiquer. Seulement peut de gens ont de bonnes et productives pensées.

5. La pensée productive est un élévateur ou une échelle du succès. Lorsque vos pensées sont centrées sur la pauvreté, vous ne pouvez pas devenir riche. La bible nous fait comprendre que nos pensées sont comme un jardin où nous cultivons et plantons ce que nous voulons.

6. Votre niveau de pensée va déterminer le niveau de votre succès dans la vie. Pour arriver au sommet, vous devez avoir des pensées de grandeur. Quand certaines personnes prient « O seigneur, donne-moi des idées créatives qui me mettront au sommet » ils demandent à Dieu d'emmener le niveau de leur pensée au règne de la créativité. Vous devez prier pour des pensées productives et créatives qui vous conduirons dans le règne de l'excellence.

Il y a deux types de gens :
- Ceux qui ne pensent pas
- Ceux qui pensent

7. Dieu est le plus grand penseur. Ceci est clarifié dans les passages bibliques.

Jer 29 : 11 « Car je connais les projets que j'ai formés sur vous, dit l'Éternel, projets de paix et non de malheur, afin de vous donner un avenir et de l'espérance. «

Dieu nous a créé a son image, alors il espère que nous soyons des bons penseurs comme lui. Puisque les idées créatives sont les traits caractéristiques de Dieu, nous devons aussi nous identifier à Lui et être remarqué comme un penseur créatif.

8.   La lourdeur mentale a programmée la rétrogradation dans la vie de plusieurs personnes .Les gens qui appartiennent à cette catégorie ont permis a leur cerveau de dormir . Si vous souffrez des attaques de la lourdeur mentale, je j'aimerais que vous priiez ce point de prière.

« Mon homme spirituel, réveil-toi et reçois le feu au nom de Jésus »

Le cerveau humain a des ressources limitées qui peuvent être utilisé pour le progrès et le développement dans la vie . Quelque a justement déclaré, qu'il n'existe pas de pauvreté en argent, la seule chose qui existe est la pauvreté des idées et de la créativité.

9.   Pour bien vivre, vous devez bien penser. Dès le moment que vos pensées sont mauvaises, votre vie sera mauvaise. Le diable est très rusé, il connait l'importance de la pensée productrice, alors il aveugle et attaque

l'esprit de l'homme   . Certaines pensées sont négatives. Elles ne proviennent pas des pensées productrices. L'inquiétude, l'anxiété sont les types de pensée qui ne sont pas productrices du tout. Maintenant vous pouvez identifier ce qu'il faut pour bien penser.

La vérité est que les hommes qui ont de grandes idées sont toujours au devant de ceux qui ne pense a rien. Plus vos pensées sont profondes, plus grandes sont vos réalisations. La bible nous dit que Dieu connait toutes nos pensées. La bible nous dit aussi que certaines de nos pensées ne sont pas agréables à Dieu.

COMMENT CONTROLER VOS PENSEES

Dès que vos pensée sont en dehors du cadre de Phil 4 :8 , elles ne sont pas agréables a Dieu .

Esaïe 55 : 7 « Que le méchant abandonne sa voie, Et l'homme d'iniquité ses pensées; Qu'il retourne à l'Éternel, qui aura pitié de lui, A notre Dieu, qui ne se lasse pas de pardonner.»

Prov 15 :26 « Les pensées mauvaises sont en horreur à l'Éternel, Mais les paroles agréables sont pures à ses yeux. »

La bonne nouvelle est que nous pouvons contrôler nos pensées . Nous pouvons choisir de penser de bonnes et merveilleuses choses. C'est possible de choisir, le genre de pensée que nous voulons dans notre cœur. Dès que le choix est fait, vous pouvez chassez les mauvaises pensées de votre esprit .

Vous avez actuellement le pouvoir de bannir les pensées mauvaises d'avoir accès à votre cœur. Cependant ce n'est pas facile de le faire, puisque le processus de contrôler les pensées implique des combats spirituels. Votre cerveau sera en bonne santé si vous examinez le genre de pensées qu'il produit.

La pensée qui entre dans votre cerveau, révèle son état de santé. Vos pensées peuvent être comme un thermomètre qui lie votre cerveau. Il y a plusieurs catégories de penseurs. Vous appartenez à une de ses classes. Si vous vous trouvez dans une mauvaise classe, vous devez —vous repentir de vos péchés devant le Seigneur et prier pour vous retrouver dans la bonne classe. Vous devez vous décider et vous engager dans des pensées productives.

CHAPITRE SEPT
ANALYSER LES MODELES DU PENSÉE

Les modèles de pensées varient selon les personnalités. Beaucoup de gens pensent, normalement, en dehors de la normale et en dessous de la normale.

1.   Les penseurs vaniteux.

Les pensées vaines sont le produit des cerveaux qui sont caractérisés par les vanités. Quand votre cerveau est préoccupé par les vanités, les pensées produites sont vaines. Vous vous trouverez toujours entrains de penser aux choses matérielles. Au moment ou vous être plongé dans des pensées vaines, vous finirez par gaspiller le temps précieux sur des choses qui disparaitront.

Ce n'est pas pour rien que la bible dit.
Prov 12 :23 «   L'homme prudent cache sa science, Mais le coeur des insensés proclame la folie. »

Eccl 10 : 15 «   Le travail de l'insensé le fatigue, parce qu'il ne sait pas aller à la ville. »

Prov24 : 9 « La pensée de la folie n'est que péché, Et le moqueur est en abomination parmi les hommes. »

Passer le temps à avoir des pensées vaines, ne vous apporte rien. Les pensées du monde ne vous apportent rien. La bible les a déclaré vanité des vanités, tout est vanité. Focalisé vos pensées sur des choses vaines, sera réduit a un exercice de futilité. Vous passerez un long moment à avoir des mauvaises pensées et vous n'arriverez à rien du tout.

Ce genre de pensée, ne peut émaner d'un cerveau qui a été interdit des bonnes choses. Quand les gens n'ont rien de bon à penser et ignorent les bonnes choses énumérée dans Phil 4 :8. Ils ont commencés à avoir des pensées vaines et sont devenus des perdants. Quelque sois le temps que vous passez dans la vanité, le résultat sera la vanité. Malheureusement beaucoup de gens ont passé 50 années ou plus comme des penseurs vaniteux. Ce genre de personne ne va récolter que 50 années de vanité. Le résultat sera zéro.

2.   Les penseurs vagabonds.
L'onction vagabonde peut attaquer le cerveau. La victime finira sa vie avec des pensées qui la feront tourner en rond sans achever quelque chose. Les penseurs vagabonds sont incapables de se concentrer sur rien du tout. Leurs pensées s peuvent à peine être décrites. La pensée de ses genres de personne est dispersée. Ils finissent sans rien réaliser dans la vie .Les vagabonds ne servent a rien. Puisqu'ils sont présents et nulle part, ils n'ont aucun objectif dans la vie. Si vos pensées se promènent comme un vagabond, vous ne pourrez jamais avoir des pensées productives..

3. Les penseurs épileptiques

Le cas des penseurs épileptiques est le plus grave. Leur pensée est caractérisée par l'instabilité .Ils ont souvent de bonne pensée et à la minute d'après elles deviennent mauvaises.

4. Les penseurs flottants

Ce genre de penseurs n'appartient à aucun groupe. Ils sont justes flottant. Rien de tangible ne peut être trouvé dans leur pensée.

5. les penseurs destructeurs.

Quand vos pensées sont totalement démonisés, vous serez impliqué dans les pensées destructives et méchantes. Ceux qui appartiennent a cette catégorie, sont ceux là que la bible décrit comme les gens dont la conscience a été sellée avec du fer chaud. Ceux qui ont confié leur cerveau au diable seront convertis en des fabriques de pensée destructives.

6. Les penseurs concrets

Dès que le concret est établit, le changement est impossible. Un ciment fraichement mélangé peut être maniable, mais le moment que l'air entre la dedans il devient solide, trop dur pour être changé. C'est malheureux que beaucoup de cerveau sont considérez comme dur. Les gens qui appartiennent a cette catégorie ont leur cerveau

Bloqué. Ils ne sont pas prêts pour de nouvelles idées. Ils n'acceptent aucun changement, parce que leur pensée sont dure que le concret.. Visitez une des ambassades et vous verrez la longue queue de gens qui sont obsédés par le voyage à l'étranger. Ils sont là-bas très tôt a partir de 5heure 00. Si vous leur demandez pourquoi ils continuent de venir a l'ambassade, ils rependront qu'ils sont déterminés à voyager. Un homme avait une affaire des pièces détachables de voiture qui marchait très bien à Lagos au Nigeria. Il a été flatté par son ami de ventre tout son stock de marchandise pour le rejoindre à l'étranger. Au moment où il est arrivé là-bas, il se rend compte que son ami est au chaumage. Il est venu a la réalité, quand ils ont tous les deux finis tout le revenus de sa vente de ses pièces détachables de voiture.et qu'ils étaient toujours au chaumage. Il a réalisé tardivement qu'il a été un penseur concret.

7.　　Les penseurs de surface.

Les penseurs super flux finissent à la surface. Ils ne pensent jamais en profondeur. Ils saisissent n'importe quoi, sans y comprendre grande chose et commence à y penser. Dès le moment que vos pensées sont limitées a la surface, vous ne serez pas capables d'obtenir le succès. Les hommes qui ont réalisés de grandes choses dans la vie, sont les hommes qui vont au-delà de la surface et atteignent le niveau que les autres ne peuvent atteindre.

8.   Ceux qui ne pensent pas.

C'est la catégorie la plus mauvaise. Certaines personnes ne pensent à rien du tout. Ce genre de personne va finir dans la vallée de la défaite et de l'échec.

9.   Les penseurs sous pression

Certaines personnes pensent seulement quand ils sont sous pression. Penser quand vous êtes sous pression, ne fera pas de vous un bon penseur. Quand vous réfléchissez parce que vous vous trouvez dans une situation d'émergence, vos pensées pourraient être vagues et confuses. C'est mieux de réfléchir avant que les pressions n'arrivent. Si vous êtes pressé à penser, vos pensées seront a moitié influencées. Le cerveau sera trop chaud pour faire une réflexion raisonnable.

10.   Les penseurs malades

Les pensées de certaines personnes sont malades et manque des éléments pour une bonne pensée. Ce genre de personne essai de penser quand les choses vont très mal. Penser quand les problèmes sont devenus irrémédiables ne vous apporterais nulle part.

11.   Les penseurs démoniaques

Ceux qui sont des penseurs démoniaques sont souvent engagés dans des pensées démoniaques.

Puisqu'il y a une interférence démoniaque dans leur pensée, le résultat de leur pensée est démonique. Ceux qui sont impliqués dans des pensées démoniaques peuvent s'assoir et imaginer ders accident et des incendies. Ils préoccupent leur pensée avec mal et la tragédie. Certaines personnes font la méditation transcendantale et la projection des désirs démoniaques au travers du pouvoir de la sorcellerie. Ils sont fortifiés par le diable pour concentrer leur pensée sur des évènements maléfiques et les amener a la réalisation.

12.   Les penseurs qui polluent.

Ce sont les gens dont les pensées sont totalement polluées. Ils ne peuvent pas concentrer leur pensée sur tout ce qui concerne la sainteté. Toute leur pensée au quelque que chose a avoir avec l'obscénité, l'immoralité et la pollution. . Ils pensent aux choses salles comme le sexe, , le fétiche , la perversion, et les abominations . Leurs pensées sont complètement renversées. La pollution est leur ordre de jour.

13.   Les penseurs constructifs

Les penseurs constructifs ont des idées nobles et productives. Ils font parti de la première classe des penseurs. Ils ont des idées nobles et font des découvertes extraordinaires. Ceux qui ont des pensées constructives sont capables d'atteindre le niveau des grandes réalisations. Ce sont des penseurs profonds.

14. Les penseurs de remplacement.

Ceci est rendu possible par la grâce. Si votre cœur a été impliqué dans une forme de pensée perverse, vous pouvez expérimenter un remplacement divin aujourd'hui. Les bonnes pensées doivent remplacées les mauvaises. Les pensées de foi doivent remplacer les pensées de la peur.

Les pensées d'espérance doivent remplacer les pensées de désespoir. Les pensées joyeuses doivent remplacer les pensées centrées sur la tristesse. Les pensées confiantes doivent remplacer les pensées centrées sur le complexe d'infériorité. .Les pensées de succès doivent remplacer les pensées de l'échec. Comment cela peut –il est possible ? La Bible nous a donné la réponse.

Romain 12 : 1-2 «Je vous exhorte donc, frères, par les compassions de Dieu, à offrir vos corps comme un sacrifice vivant, saint, agréable à Dieu, ce qui sera de votre part un culte raisonnable.
Ne vous conformez pas au siècle présent, mais soyez transformés par le renouvellement de l'intelligence, afin que vous discerniez quelle est la volonté de Dieu, ce qui est bon, agréable et parfait.»

Dieu nous a donné un canevas de pensée qui donne une mauvaise santé. Vous devez permettre a Dieu de renouveler votre cerveau et aussi votre esprit. La parole de Dieu doit saturer votre cœur, la puissance du Saint-Esprit doit renouveler votre esprit.

En conclusion voyons les étapes que nous devons suivre pour dire au revoir aux pensées négatives et souhaiter le bien venu aux pensées productives. La bible nous a enseigné que le secret réside dans le renouvellement de l'esprit humain.

COMMNENT RENOUVELER VOTRE ESPRIT

1. Saturer votre esprit avec la parole de Dieu. La parole de Dieu a été imbibée avec la puissance du renouvellement. Si vous lisez tous les journaux dans le monde, votre esprit ne peut être renouvelé. Il faut la parole du Dieu vivant pour renouvellement complètement votre esprit. La parole de Dieu est le plus grand changeur de l'esprit. C'est pourquoi la bible dit « Que la parole de Christ demeure en vous » Quand la parole Dieu remplie votre cœur, vos pensées seront bonnes. Plongez-vous dans la parole de Dieu , méditez-la jour et nuit.

2. Purifiez votre esprit avec des prières de purifications.

Certaines prières ont un effet de purification sur l'esprit. Quand vous priez ce genre de prière, tous les virus qui avaient été trouvés dans votre pensée seront tués. La prière a une manière d'enlever toute forme d'infection de votre cerveau. Si ces infections ne sont pas attaquées elles vont développer des pensées négatives. Vous avez besoin des prières de purification pour garder votre esprit pur, productive et positif.

3. Bannir les pensées vaines quand elles viennent.

Les pensées vaines vont essayer d'envahir votre esprit, toute fois c'est votre responsabilité de les empêcher votre esprit. La vérité est que ne pouvez pas empêcher un oiseau de voler au dessus de votre Tête, mais vous pouvez l'empêcher de construire un nid au dessus de ma tête. Les pensées vaines viendront toujours mais vous avez le pouvoir de leur résister. Vous pouvez ne pas avoir le pouvoir de l'empêcher de voler sur votre esprit mais vous pouvez vous arrêter et leur dire non.

Points de Prière

1. Demandez à Dieu de vous pardonner tous vos péchés

2. Forteresse dans ma vie qui combat ma destinée, je te renverse, au nom de Jésus

3. Tout pouvoir qui utilise mes pensées contre moi, fléchi au nom de Jésus.

4. Onction pour une pensée productive, viens sur ma vie au nom de Jésus

5. Confusion écoute la parole du Seigneur fléchi au nom de Jésus

6. Onction pour le succès surnaturel, tombe sur ma vie au nom de Jésus

7. Tout pouvoir assigné a empêcher mes percées, sois précipité dans la mer rouge et meurs au nom de Jésus

8. Je prononce les bénédictions et les bonnes choses sur ma vie au nom de Jésus

CHAPITRE HUIT
FRAPPEZ DANS L'ONCTION
CRÉATIVE

Points de prière

1. Tout étranger dans le jardin de mon destin, disperse-toi au nom de Jésus
2. Plantation d'affliction, meurs au nom de Jésus.

Gen 1 :27 « Dieu créa l'homme à son image, il le créa à l'image de Dieu, il créa l'homme et la femme. «

Jean 1 ;1 « Au commencement était la Parole, et la Parole était avec Dieu, et la Parole était Dieu.

Col 1 :15 « Il est l'image du Dieu invisible, le premier-né de toute la création.

Jacques 1 :17 « toute grâce excellente et tout don parfait descendent d'en haut, du Père des lumières, chez lequel il n'y a ni changement ni ombre de variation.

Créer c'est emmener a l'existence quelque chose de nouveau. C'est inventer sous une autre forme .Créer c'est produire a travers du moyen de l'imagination. Créer c'est faire quelque chose de nouveau. Considérons ces points suivant :

Dieu est le créateur

1. Dieu n'évite jamais les idées
2. Dieu a plusieurs manières d'exécuter sa mission
3. Si vous être son image, son onction créatrice devrait être sur votre vie

Dieu est créateur, il a démontré sa créativité a travers de l'œuvre de la création.
L'œil humain est une camera très délicate. Il a la capacité de prendre a peut prêt 200 photos couleur par seconde. Il a sa une focalisation automatique. Aussi il a la capacité de se réparer lui-même. L'œil humain révèle la capacité créatrice du tout puissant.

Le cœur de l'homme bat 100.000 fois par jour et pompe six tonne de sang dans tout le cœur assez pour remplir 4.000 gallons de Fux. Le système de circulation dans le corps. Humain est à peu prêt 60.000 mètre. Dieu est créateur. Si nous sommes à son image, nous devrions être créateurs.

Quand l'onction créatrice commence a opérer dans votre vie, vous deviendrez une personne différente. La capacité créatrice de Dieu n'est pas seulement capable de remplacer physiquement les parties du corps, mais elle est aussi capable de vous donner des idées qui ferons prospérer votre vie , communauté , et votre génération entière .

Dr. D. K. Olukoya

LE SUCCES OU L'ECHEC

Ici se trouve la différence entre le succès et l'échec. Quand vous êtes ordinaire, vous ne serez pas remarqué, mais dès que vous entrez en contact avec l'onction créatrice de Dieu, vous devenez une personnalité créatrice. Qu'est-ce que nous attendons par l'onction créatrice ? C'est une capacité inspirée par le Saint-Esprit pour vous donner de nouvelles idées. . Ceci est très important et nous devons le comprendre. Quelque soit ce que vous êtes entrain de faire, il y a une onction créatrice que vous pouvez saisir qui vous permettra d'être distinguer partout ou vous vous trouvez.

Par onction créatrice, nous entendons, la capacité de résoudre les problèmes d'une manière originale. C'est une capacité qui rend votre imagination productive. C'est un pouvoir inventif, la capacité de rendre votre équipement divin qui est le cerveau d'une utilité productive. C'est la capacité de débloquer la puissance de votre cerveau. C'est pourquoi nous devons prier contre les attaques du cerveau.

Beaucoup de cerveaux sont encagés. Qu'attendons par l'onction créatrice ? C'est la puissance pour creuser en profondeur dans vos pensées et apporter les solutions aux problèmes. C'est la capacité de prendre de vieux concepts et les ré arranger d'une nouvelle manière.

L'INTELLIGENTE ONCTION CRÉATIVE

Qu'est-ce que nous attendons par onction créatrice ? C'est la capacité de changer les idées qui existait au pré avant pour de meilleurs résultats. Il y a certains vieux concepts qui sont devenu des anciens modèles. La créativité va les transformer. L'onction créatrice est la capacité de produire de nouvelles idées. C'est la capacité de faire ressortir votre capacité créatrice latente. C'est la capacité de voir des possibilités dans des idées qui semblaient inutiles. Cela veut dire que votre ange intérieur vous chuchote comment être au sommet. C'est la capacité de résoudre les problèmes que Dieu a déposé dans votre vie. L'homme qui manque de créativité intérieur demeurera un esclave dans son propre environnement.

Le manque d'argent n'est pas un obstacle. Le manque de création des idées pour la richesse est un obstacle au progrès. . Le problème, c'est la pauvreté des idées. Avec la sécrétine capacité de Dieu en vous, vous pouvez prendre ce que la plus par des gens pensent ne peut être vendu et trouver un moyen pour le vendre. Un frère a décidé de donner a ceux qui achète la boisson sucrée des pailles gratuitement et il a commencé a s'attirer la clientèle. La créativité, vous pouvez résoudre presque tout problème. Sans créativité, il n'y aura pas de progrès dans la vie parce que parce qu'il y a toujours des problèmes a résoudre. Pour exceller dans la vie, vous devez être créative. Si vous dite : « Je veux bien faire, je veux mieux faire, alors vous devez faire usage de la créativité »

VOTRE BIEN

La créativité est le bien le plus important de l'homme. Quand vous faites la combinaison de la vision avec la créativité, vous êtes sur la voie de l'excellence. Vous serez productif. La vision plus la créativité est égale à la productivité. Nous faisons trop de bruit à la maison. C'est à cause du bruit que Dieu souvent utilise les rêves pour nous parler. Si vous voulez frappez dans le pouvoir créateur de Dieu, vous devez chercher sa face, En plus de cela vous devez suivre ses étapes suivantes.

1. Faire de Dieu, votre ami. Dieu n'inspirera pas son ennemi
2. Gardez le calme devant Dieu. Si vous voulez frappez dans la puissance de Dieu, vous devez cultivez la sérénité
3. Soyez ouvert, n'ayez pas un esprit renfermé
4. Manifestez une sainte curiosité
5. Vous devez être prêt à prendre des risques
6. Vous devez être persistant
7. Vous devez improuver votre capacité de lecture. Malheureusement la génération d'aujourd'hui n'aime pas lire.

Quand vous voulez frappez dans la puissance créatrice de Dieu, vous devez devenir un enfant. Les enfants posent des questions. Ils aiment poser des questions. Ils sont curieux. Techniquement le plus grand enseignant est le monde des enfants.

Job 32 : 8 « Mais en réalité, dans l'homme, c'est l'esprit, Le souffle du Tout Puissant, qui donne l'intelligence;

LA FORCE CRÉATIVE
Vous devez frappez dans la force créatrice du Saint-Esprit. Le Saint-Esprit est plus créateur que l'esprit du monde. Demandez au Saint-Esprit de vous aider à être créateur. La bible dit : « Ouvre grandement la bouche et je la remplirai » Faites des prières violentes. Vous devez travailler et prier. Si vous dite à votre cerveau qu'il est paresseux, il sera d'accord avec vous. Si vous dites au cerveau qu'il est trop vieux pour mémoriser les choses, il sera d'accord avec vous. Le cerveau est le centre de coordination de tout le corps et dès que l'ennemie réussit à l'attaquer votre destinée est attaquée. Votre cerveau est responsable de votre intelligence, de la puissance de mémoire. dirige la manière que vous contrôlez votre corps,, votre parlé , votre ouïe, votre goût ,votre ora . Vos sens et vos actions et il maintien votre équilibre. C'est un problème sérieux quand votre cerveau est attaqué.

LA FRAGMENTATION DU CERVEAU

Un autre problème commun est la fragmentation du cerveau. Il y a plusieurs méthodes que le diable utilise pour fragmenter la vie des gens. Mais la méthode la plus mortelle est l'immoralité sexuelle. L'immoralité sexuelle consiste à semer de mauvaises semences. La chose horrible concernant le péché sexuel, est qu'il générationnel. Alors votre incapacité d'atteindre le sommet, est peut-être dû au péché sexuel dans lequel vous étiez impliqué des années au paravent. Le péché sexuel de Juda, le grand ancêtre de David a voyagé jusqu'à David.

Le péché sexuel de David a entrainé de sérieuses calamités. L'enfant illégitime est mort, La fille de David a été violée par son frère, quelques enfants de David ont tués les violeurs. Absalon a couché avec les femmes de son père aux yeux de tout Israël. Quant à Salomon, il est allé plus loin en battant le record avec plusieurs femmes et concubines. Le problème est que parmi tous les problèmes du monde le suicide s'accroit et ,le fléau des forces des taliban , si vous les examinez vous découvrirez que le sexe est a la base . Ce n'est pas pour rien que la bible dit dans prov22 :14 « Les nuées l'enveloppent, et il ne voit rien; Il ne parcourt que la voûte des cieux.»

Si vous remarquez que la convoitise sexuelle commence à se manifester dans votre cœur, que vous avez une faiblesse sexuelle et que vous viviez dans l'immoralité sexuelle, etc. alors le pouvoir créateur de Dieu ne sera pas capable d'œuvrer dans votre vie.

Points de prière

1. Feu du Saint-Esprit, incube mon cerveau au nom de Jésus
2. Toi le pouvoir créateur de Dieu, tombe sur mon cerveau maintenant
3. Toute chose volé de mon cerveau quand j'étais un enfant, je te possède à nouveau maintenant au nom de Jésus
4. Pouvoir créateur de Dieu, lève-toi et fais moi avancer au nom de Jésus
5. Onction pour exceller, incube ma vie maintenant au nom de Jésus
6. Toute chose planté dans ma vie pour me renverser, meurs au nom de Jésus

CHAPITRE NEUF
MON PERE CONNECTE MOI A TON POUVOIR CREATEUR

Il y a deux choses que vous devez faire. Vous devez-vous déconnecter de toute forme d'affliction du cerveau. Vous devez aussi vous connectez au pouvoir du Dieu créateur. Dieu est la seule source de la créativité. A son ordre les choses ont été créées. Dieu est l'auteur de la créativité. La bible dit dans Colossiens 1 :16 «Car en lui ont été créées toutes les choses qui sont dans les cieux et sur la terre, les visibles et les invisibles, trônes, dignités, dominations, autorités. Tout a été créé par lui et pour lui.

Dans Jean 1 :1-3 « Au commencement était la Parole, et la Parole était avec Dieu, et la Parole était Dieu.

Joh 1:2 Elle était au commencement avec Dieu.

Joh 1:3 Toutes choses ont été faites par elle, et rien de ce qui a été fait n'a été fait sans elle.

«

Dans Jean 9 nous avons une étrange démonstration du pouvoir créateur de Dieu qui n'implique pas ce que nous pouvons voir seulement. Cela affecte aussi ce que nous ne pouvons pas voir. Vous avez besoin du pouvoir créateur de Dieu. Vous avez besoin d'une récréation de ce que l'ennemie a enlevé et détruit dans votre vie.

Jean 9 :1-6 «   Jésus vit, en passant, un homme aveugle de naissance.

Joh 9:2 Ses disciples lui firent cette question: Rabbi, qui a péché, cet homme ou ses parents, pour qu'il soit né aveugle?

Joh 9:3 Jésus répondit: Ce n'est pas que lui ou ses parents aient péché; mais c'est afin que les œuvres de Dieu soient manifestées en lui.

Joh 9:4 Il faut que je fasse, tandis qu'il est jour, les œuvres de celui qui m'a envoyé; la nuit vient, où personne ne peut travailler.

Joh 9:5 Pendant que je suis dans le monde, je suis la lumière du monde.

Joh 9:6 Après avoir dit cela, il cracha à terre, et fit de la boue avec sa salive. Puis il appliqua cette boue sur les yeux de l'aveugle »

   Nous tirons quelques lésons de tous ces passages

1. Dieu est l'ultime créateur
2. Dieu a des pièces de remplacement pour toutes les parties du corps
3. Si votre miracle ne fait pas parti du stock, Dieu peut fabriquer un pour vous parce qu'il est le créateur.

Un représentant en service a partagé un témoignage à une de nos réunions. Il y a eu une parole de connaissance disant : « Il y a quelqu'un ici ; en ce moment vous n'avez pas de maison, dans sept jours vous aurez votre propre maison. Ce représentant qui était habitué à dormir sur une natte dans la chambre de quelqu'un autre, a crié Amen !. Il a cru en Dieu. Trois jours plus tard son directeur passait et il l'a salué ainsi : « Bonne et heureuse année Monsieur » le directeur a répondue ; Bonne année, comment allez-vous ? J'ai donné des cadeaux à tous le monde dans l'entreprise, as-tu reçu le tien ? Le représentant a répondue, non ! Monsieur. Le directeur a dit, « Je me souviens avoir une maison à un prix très bas quelque part en ville. Je n'en n'ai pas réellement besoin, j'ai déjà une grande

maison, est-ce que vous la voulez ? Le représentant a répondu : « Oui, je la veux Monsieur»

Quand le directeur disait une maison moins cher, il, pensait a un appartement dans un immeuble, mais quand il est arrivé la bas, il a trouvé une villa, avec la clé dans sa poche, il est entré dans la maison, regardant partout tout en étant choqué. Il est allé au bureau le jour suivant pour remercier son patron. Le monsieur lui dit : la maison vous appartient, je n'en ai pas besoin. Au fait ya-t-il des meubles dans la maison ? Le représentant répondit ; « il n'y a pas de meuble monsieur » Le directeur dit « Chaque année je remplace mes meubles, ceux de l'année dernière sont dans le magasin. Prenez-les »

C'est ainsi que le représentant qui dormait sur une natte près du lit de son oncle, a obtenu une maison meublée. Si votre miracle n'est pas dans le stock, Dieu peu en fabriquer pour vous.

4. Dieu n'a pas de considération pour les impossibilités. Le mot impossibilité ne peut être trouvé dans son dictionnaire.

5. Dieu a la puissance de contredire les résultats médicaux.
Les même gens qui ont découvert le mal, seront les même qui dirons : désolé, nous nous trouvons plus rien encore. Dieu a le pouvoir de défier tout résultat médical négatif.

Quelqu'un a donné un témoignage il y a quelques années de cela qui concerne sa grande sœur qui était partie à l'hôpital pour accoucher. Ils ont essayé toutes méthodes qu'ils connaissaient, mais rien n'a marché. On conduisait la femme dans la salle d'opération ; A ce moment une sœur de M.F.M arriva avec son huile d'onction et demanda au docteur. « Puis-je lui donner cette onction d'huile a boire ? » Ils ont refusé, mais elle a insisté. A la longue ils ont permis à la femme enceinte de boire un peu de cette huile d'onction. Au moment où ils se préparaient pour l'opération, le bébé est sorti. Dieu peut contredire les rapports médicaux.

6. Dieu peut tracer une ligne droite avec votre ligne courbée.

7. Dieu peut convertir vos problèmes en promotions.

8. Un vieil homme sans une seule dent dans la bouche a participé à une croisade. La louange et adoration a commencée et au moment où on finissait tout ses dents étaient au complet. Quand il est arrivé devant, ouvert sa bouche et ri, nous avons vu des nouvelles rangée de dent. il n'y avait rien à prêcher encore cette nuit. Il était le message du Seigneur.

Dieu peut créer quelque chose à partir de rien du tout et peut.ressortir l'invisible du visible

Dieu est prêt à vous connecter à son pouvoir créateur aujourd'hui.

Faites ces points de prières ci-dessous avec une folie sainte.

Points de prières

1. Pouvoir créateur de Dieu, me voici, localise-moi au nom de Jésus
2. O Dieu, lève-toi et connecte-moi a ton pouvoir créateur au nom de Jésus
3. Pouvoir créateur de Dieu, lève-toi et manifeste –toi dans ma vie au nom de Jésus
4. Mes vertus détruites, recevez le pouvoir créateur de Dieu au nom de Jésus
5. Tout pouvoir contre mes percées, meurs au nom de jésus.
6. Je vaincrai tous mes ennemis au nom de jésus.
7. Oiseaux de sorcellerie assignés à avaler mes percées, mourez au nom de Jésus
8. Ennemis tenace de ma destinée, écoutez la parole du Seigneur, dispersé-vous au nom de jésus
9. Tout pouvoir assigné a me faire pleurer, tu es un menteur, meurs au nom de Jésus
10. Tout pouvoir assigné à m'enfermer, reçois une gifle angélique au nom de Jésus.
11. Percées surnaturelles, faveur surnaturelle, et succès surnaturelle, localisez-moi par le feu au nom de Jésus.

CHAPITRE DIX
LA CONNAISSANCE PAR
REVELATION

Puisse que le cerveau est susceptible aux attaques sataniques et que l'esprit humain est souvent rempli de mauvaises pensées, il y a un antidote pour les problèmes physiques et spirituels du cerveau et de l'esprit. C'est une intervention divine. L'intervention divine vient sous la forme de la connaissance par révélation La connaissance par révélation est un véhicule de Dieu pour vous emmener du règne ordinaire au règne où votre vie à évoluée. La connaissance par révélation consiste à ajouter la valeur à votre vie. Vos pensées sont raffinées par la vertu de l'accès qui vous est donné sous la forme de la connaissance par révélation.

Pour vous préparer à avoir accès a la connaissance par révélation, faites ses points de prières s'il vous plait.

1. Embargo des ténèbres sur ma gloire, meurs au nom de Jésus
2. Tout pouvoir assigné a changé ma destinée en mal, tu es un menteur, sois dispersé au nom de jésus.
3. Toute peur ténébreuse de ma vie, déplace-toi au nom de Jésus.

Jean 11 : 42 « Pour moi, je savais que tu m'exauces toujours; mais j'ai parlé à cause de la foule qui m'entoure, afin qu'ils croient que c'est toi qui m'as envoyé. »

UNE DIFFERENCE REMARQUABLE

Dans Jean chapitre 11 Jésus manifeste une assurance extraordinaire à la tombe. Quand vous êtes capable de voir ce que les autres ne sont pas capables de voir , vous commencerez à louez Dieu devant un tombeau ouvert quand les autres sont entrain de pleurer du plus profond de leur cœur , vous pouvez louez Dieu près du tombeau , parce que vous voyez un miracle pendant que les autres voient la mort . Ce que vous voyez devant une tombe est en fonction de la connaissance par révélation. Quand vous être confrontez a la tempête de la vie et que vous vous mettez a louer Dieu, alors vous avez reçu une révélation par révélation. La connaissance par révélation vous amendera a louer et adorer près d'une tombe. Elle vous fera rire quand les autres pleurent.

Eli et ses serviteurs étaient entourés par l'armée des syriens. L'armée était venue pour les arrêter .Le serviteur d'Eli a paniqué .Pourquoi a tr-il paniqué ? Il voyait le problème, parce qu'il n'a pas la connaissance par révélation. Eli était calme parce qu'il a vu que toute la montagne était entourée de l'armée céleste et des chariots de feu, alors il n'avait aucune raison d'avoir peur.

PERCEPTION SPIRITUELLE

Qu'elle est l'information qu'Eli a reçu qui lui donnait l'assurance, pendant que son serviteur paniquait ? C'est la connaissance par révélation. Jésus aussi a eu la connaissance par révélation. Il a dit « Allons de l'autre coté » En ce qui concerne Jésus, se voyait déjà de l'autre coté. Les disciples ont vu autre chose. Une situation précaire. Alors les différentes réactions de Jésus et ses disciples dépendent de ce qu'ils ont vu.

Paul a reçu la révélation divine. il y a avait une tempête mortelle mais Paul était calme. La meilleures chose qui puisse vous arriver sur cette planète terrestre est que Dieu vous révèle le genre de connaissance que vos collègues ou vos compétiteurs n'ont pas . C'est pour cela que la bible dit dans Mathieu13 :11 « Jésus leur répondit: Parce qu'il vous a été donné de connaître les mystères du royaume des cieux, et que cela ne leur a pas été donné. »

Le même jour jésus est parti de la maison et s'est assit au bord de la mer.

LE MYSTERE

Il y a un mystère qu'on appel connaissance par révélation. Ce n'est pas donné a tout le monde. C'est une connaissance qui vous a été donnée par le Saint-Esprit. Cela vous fait savoir ce que les autres ne savent pas.

La connaissance par révélation est une connaissance venant d'en haut qui vous donne le courage de marcher au travers le feu, comme l'a fait les enfants Hébreux. La connaissance par révélation vous fait chanter les louanges quand les autres sont entrain de pleurer. Elle vous donne l'assurance quand les autres doutes. Elle rend suprême dans votre esprit que vous rirez le dernier sur vos ennemis. Elle vous permet d'être plus proche de Dieu Elle vous découvre et dévoile la pensée de Dieu.

La connaissance par révélation vous fait comprendre ce que les autres ne comprennent pas. C'est une sorte d'éducation divine spirituelle. Vous recevez des cours du ciel qui sont loin au dessus du cerveau humain. Elle a accès aux secrets de Dieu. Elle va au delà de ce que vous apprenez dabs la bible ou se que vous ressentez fortement. Ce n'est pas ce que vous recevez avec vos cinq sens. C'est une information qui vous est donnée d'une source divine spirituelle. Ce qui fait la différence, n'est pas votre capacité de voir ou de parler, mais votre capacité d'entendre. Le problème des croyants aujourd'hui, est que beaucoup n'entendent pas du ciel.

L'ennemi a plus d'information que beaucoup de gens. Aujourd'hui beaucoup de croyant ne connaissent par le coup de feu spirituel bien ciblé.

ASSOUPISSEMENT OU MANQUE D'ECLAT SPIRITUEL

Il y a un homme qui rêvait toujours de sa mère qui l'attaquait, et il a toute de suite conclu que tous ses problèmes étaient causés par sa mère. Il prit une très méchante décision. il entra dans la chambre de sa mère et l'étrangla. Il pensait que quand sa mère serait morte ses problèmes prendraient fin. Plus tard une femme dans la cour ou il vivait a confessée ses œuvres de la sorcellerie et a affirmée qu'elle est responsable de tous les problèmes du frère .Elle a spécialement expliquée que chaque fois qu'elle opérait, elle se déguisait comme la mère du frère. Pour la première fois le frère a pu identifier l'ennemi. Cependant, il avait tuée sa mère .Il est venu pour des conseils après avoir pleuré sans fin sur la tombe de sa mère.

Quand vous n'avez pas la connaissance par révélation, vous prendrez des décisions qui pourront vous détruire éventuellement. Quelque sois ce que vous traversez, la connaissance par révélation est ce qui vous emmènera au sommet et fera courir les gens après vos idées

COMMENT OBTENIR LA CONNAISSANCE PAR REVELATION.

1. Vous devez priez pour être purifie par le sang de Jésus : Apres le salut, vous devez vous préparer pour la purification du cœur.

2. Vous devez développer une attitude d'humilité : La connaissance par révélation ne peut être donnée a un arrogant et aux orgueilleux. Se promouvoir soi-même ou se sur estimer ne vous donnera pas la connaissance par révélation.

3. Demandez au seigneur de prendre le contrôle de vos facultés : Vos propres initiatives ne peuvent vous emmener loin. laissez le Saint-Esprit incuber votre cerveau.

4. Priez pour que vos yeux s'ouvrent. Le salmis dit : « Ouvre mes yeux Seigneur » Priez pour une illumination divine.

5. Priez que Dieu vous montre ;le Secret de vos problèmes . Vous devez faire des prières de recherches.

6. Demandez au Seigneur de vous montrez la solution de vos problèmes

7. Craignez Dieu

Psaumes 25 :13 « Son âme reposera dans le bonheur, Et sa postérité possédera le pays. »
La crainte de Dieu gardera votre chanel de réception ouvert.

Points de prières

1. O Dieu, lève-toi et ouvre un chemin pour moi ou il n'y a pas de chemin au nom de Jésus
2. Bulldozer du Saint-Esprit, enlève mes obstacles par le feu au nom de jésus
3. Dieu d'Eli, lève-toi et tue mes obstacles par le feu au nom de jésus
4. Tout pouvoir qui déclare que je ne réussirai pas, tu es un menteur au nom de Jésus
5. Tout pouvoir qui circule mon nom chez les féticheurs, meurs au nom au Jésus
6. Tout pouvoir assigné a me disgracier, meurs au nom de Jésus
7. Mon Père catapulte-moi au prochain niveau de mes percées au nom de jésus
8. Mauvais pieds qui est entré dans ma vie, disparais au nom de Jésus
9. Ma vie écoute la parole de Dieu, la tragédie ne te localisera pas au nom de jésus
10. Tout ennemi cachée assigné contre moi, meurs au nom de jésus
11. Tout œil maléfique qui me contrôle pour le mal, sois détruis par le feu au nom de jésus.

AUTRES PUBLICATIONS FRANÇAISE
PAR LE DR. D. K. OLUKOYA

1. PLUIE DE PRIÈRE
2. ESPRIT DE VAGABONDAGE
3. EN FINIR AVEC LES FORCES MALÉFIQUES DE LA MAISON DE TON PÈRE
4. QUE L'ENVOUTEMENT PÉRISSE
5. FRAPPER L'ADVERSAIRE ET IL FUIRA
6. COMMENT RECEVOIR LA DÉLIVRANCE DU MARI ET FEMME DE NUIT
7. COMMENT SE DÉLIVRER SOI-MÊME
8. POUVOIR CONTRE LES TERRORISTES SPIRITUELS
9. PRIÈRE DE PERCÉE POUR LES HOMMES D'AFFAIRES
10. PRIER JUSQU'À REMPORTER LA VICTOIRE
11. PRIÈRES VIOLENTES POUR HUMILIER LES PROBLÈMES OPINIÂTRES
12. PRIÈRE POUR DÉTRUIRE LES MALADIES ET INFIRMITÉS
13. LE COMBAT SPIRITUEL ET LE FOYER
14. BILAN SPIRITUEL PERSONNEL
15. VICTOIRES SUR LES RÊVES SATANIQUES
16. PRIÈRE DE COMBAT CONTRE 70 ESPRITS DÉCHAINÉS
17. LA DÉVIATION SATANIQUE DE LA RACE NOIRE
18. TON COMBAT ET TA STRATÉGIE
19. VOTRE FONDEMENT ET VOTRE DESTIN

www.ingramcontent.com/pod-product-compliance
Lightning Source LLC
LaVergne TN
LVHW051250080426
835513LV00016B/1839